In unseren Veröffentlichungen bemühen wir uns, die Inhalte so zu formulieren, dass sie Frauen und Männern gerecht werden, dass sich beide Geschlechter angesprochen fühlen, wo beide gemeint sind, oder dass ein Geschlecht spezifisch genannt wird. Nicht immer gelingt dies auf eine Weise, dass der Text gut lesbar und leicht verständlich bleibt. In diesen Fällen geben wir der Lesbarkeit und Verständlichkeit des Textes den Vorrang. Dies ist ausdrücklich keine Benachteiligung von Frauen oder Männern.

Für in diesem Titel enthaltene Links auf Websites/Webangebote Dritter übernehmen wir keine Haftung, da wir uns deren Inhalt nicht zu eigen machen, sondern sie lediglich Verweise auf den Inhalt darstellen. Die Verweise beziehen sich auf den Inhalt zum Zeitpunkt des letzten Zugriffs: 09.04.2021.

Impressum

ISBN Buch 978-3-86687-300-1
ISBN E-Book 978-3-86687-301-8

Lektorat: buch+musik – Marlen Bleiholder, Stuttgart
Umschlaggestaltung: buch+musik – Daniela Buess, Stuttgart
Satzprogrammierung: X1-Publishing, Stuttgart
Bildrechte Umschlag und Inhalt: iStock: Leonid Ikan, malerapaso, mustafaU
Bildrechte Autorenfoto: bei der Autorin
Druck und Gesamtherstellung: Eberl & Kœsel GmbH & Co. KG, Altusried-Krugzell

www.ejw-buch.de

Birgit Götz

ANSICHTSSACHEN

Es ist nicht alles Banane

60 Andachten für Jugendliche über Gegenstände

buch+ musik

INHALTSVERZEICHNIS

Fundsachen

VORWORT

Bananen sind das zweitliebste Obst der Deutschen. Rund 12 kg werden pro Person jedes Jahr verdrückt. Bananen sind ein Alleskönner: reich an Vitaminen und Mineralstoffen stärken sie das Immunsystem, liefern Energie und gesunde Ballaststoffe, helfen bei Durchfall und Verstopfung. Sie sind ökologisch verpackt und haben das ganze Jahr Saison.

Noch vielseitiger ist Gott: Er ist Schöpfer der Welt und Lebensschenker, Schuldvergeber und Geschichtenlenker, liebender Vater und gerechter Richter und noch viel mehr. Es gibt keine Situation unseres Lebens, die er nicht kennt. Es gibt keinen Gedanken, keinen Herzenswunsch, keine Zweifel und Fragen, die ihn nicht interessieren, keine Schuld, die ihn vor uns abschrecken würde. Wir sind ihm nicht Banane! Wir sind ihm unendlich wichtig! Und diese gute Nachricht möchte ich in diesem Buch mit allen teilen.

Als Hilfsmittel dienen dazu 60 Gegenstände, die man von allen Seiten betrachten kann. Sie können Gott und sein Handeln, wie wir es in der Bibel beschrieben finden, etwas anschaulicher und greifbarer machen, ohne den Anspruch auf Vollständigkeit zu haben. Gott in allen Dingen des Lebens zu entdecken, dazu möchte ich mit diesem Buch einladen.

Ein Dank gilt meinen Teenager-Korrekturleserinnen und -Korrekturlesern Amelie, Joscha, Linda, Line, Miriam und Pauline.

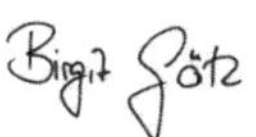

ANSICHTS SACHEN

ABDECKSTIFT

Glücklich darf sich jeder schätzen, dessen Vergehen vergeben werden, dessen Sünden zugedeckt sind. Glücklich zu preisen ist der Mensch, dem der Herr die Schuld nicht anrechnet. So täuscht er sich nicht über sich selbst. Doch als ich meine Schuld verschwieg, verloren meine Glieder jede Kraft. Ich stöhnte den ganzen Tag.
Psalm 32,1-3

Fund-Sache: Fehler, Liebe Gottes, Vergebung

Ansichts-Sache

Viele Hausaufgaben vorschieben, weil man keine Lust auf ein Treffen mit Freunden hat – dabei sind die Aufgaben längst erledigt. Die fehlende Unterschrift der Eltern unter einer schlechten Klassenarbeit – angeblich zu Hause vergessen ... Es gibt jeden Tag Situationen, in denen es leichter ist, nicht ganz bei der Wahrheit zu bleiben. Manchmal macht das das Leben leichter, weil man dadurch unangenehmen Situationen aus dem Weg gehen kann. Aber Unwahrheiten können uns auch ganz schön belasten, und mit der Zeit kann sich da einiges ansammeln, was uns und unsere Beziehungen stört. Es sind dann nicht nur die „kleinen" Dinge, sondern Fehler, die viel weitreichendere Folgen haben als nur die faule Ausrede.

Die Kosmetikbranche boomt, weil sie uns hilft, unsere „Fehler" zuzudecken. Im Jahr 2017 wurden in Deutschland 1,84 Milliarden Euro allein für dekorative Kosmetik ausgegeben. Tendenz steigend. Dabei sind die Abdeckstifte ein Glück für Menschen, die unter Flecken oder Narben im Gesicht leiden und deshalb von anderen ständig angestarrt oder gehänselt werden. Der Ursprung dieser Abdeckcremes ist in Hollywood zu finden. Max Factor entwickelte ab 1914 eine Schminke, um Licht und Schatten in Filmen besser darstellen zu können. Für die Soldaten im Ersten Weltkrieg erfand er eine Abdeckcreme, mit der die Verbrennungen und Verletzungen kaschiert werden konnten. Und für den Zweiten Weltkrieg mischte er im Auftrag der US-Regierung verschiedene Farben zur Tarnung. Auch wasserfeste Wimperntusche, Lipgloss und das Pan-Cake-Makeup sind von ihm erfunden worden, einige Kosmetika tragen immer noch seinen Namen. Aber auch Menschen mit makelloser Haut finden immer etwas, was ihnen nicht gefällt und überdeckt werden soll.

Heute findet das Überdecken nicht nur vor dem Spiegel statt. Wir nutzen bestimmte Filter, um unsere Fotos besser aussehen zu lassen. Selbst bei Treffen mit Freunden wollen wir uns makellos zeigen. Niemand gibt gern Fehler oder Schwächen zu. Und oft machen wir nicht nur anderen, sondern auch uns selbst etwas vor. Das kostet auf die Dauer ganz schön Kraft. Der Verfasser von Psalm 32 berichtet, dass ihn diese Heimlichtuerei sogar krank gemacht hat. Ein schlechtes Gewissen belastet – daran sind schon einige Menschen zerbrochen.

Wie gut, dass Gott uns gerade ungeschminkt über alles liebt! Er deckt unsere Schuld liebevoll auf, schaut sie mit uns an, vergibt sie und hilft uns, unser Leben wieder in Ordnung zu bringen. Ihm müssen und können wir nichts vormachen. Das tut unglaublich gut! Wir werden frei von der Maskerade, die wir jeden Tag unseren Mitmenschen und uns selbst gegenüber veranstalten. Vor Gott kannst du genau so sein, wie du bist!

Tat-Sache

Es ist spannend, mit Teens in einen Spiegel zu schauen. Die einen lieben es, sich darin zu betrachten, die anderen wagen nur einen scheuen Blick hinein. Kommt darüber ins Gespräch. Was gefällt dir an dir? Was willst du lieber überdeckt haben? In welchen Situationen lebst du lieber mit Unwahrheiten? Und wo hat dich die Wahrheit spürbar befreit?

ABZEICHEN

Wer sich vor den Menschen zu mir bekennt, zu dem werde auch ich mich bekennen vor meinem Vater im Himmel.
Matthäus 10,32

Fund-Sache: Bekenntnis, Glaube, Zugehörigkeit

Ansichts-Sache

Als Kinder waren wir stolz wie noch was, wenn ein orangenes Seepferdchen unsere Badehose oder den Badeanzug verziert hat. Alle Welt sollte gleich sehen, dass wir schon so groß und stark sind und schwimmen können. Später kamen noch weitere Schwimmabzeichen dazu, die aber nicht mehr unbedingt auf der Badehose landeten. Auch das Deutsche Sportabzeichen ist sehr beliebt. 2008 haben es erstmals mehr als eine Million Menschen erhalten. Für dieses Abzeichen muss in den vier motorischen Grundfertigkeiten Ausdauer, Kraft, Schnelligkeit und Koordination jeweils eine Disziplin erfolgreich absolviert werden. Außerdem muss eine Strecke in einer bestimmten Zeit geschwommen werden. Das Deutsche Sportabzeichen wurde das erste Mal 1913 verliehen und gilt seit 1958 als staatlich anerkanntes Ehrenzeichen, das auch auf staatlichen Uniformen getragen werden darf.

Neben den zahllosen Ehrenabzeichen, die jedes Bundesland für besondere Verdienste verleihen kann, gibt es aber auch weitere Abzeichen, die man auf Jacken, Rucksäcken, Gürtelschnallen oder Hosen antrifft. Sie weisen auf eine Verbindung hin zwischen der Person, die sie trägt, und der Organisation oder Firma, die abgebildet ist. Gerade im Sport sind manche Trikots, Mützen und Sportgeräte mit Emblemen zugepflastert. In der Werbung macht man sich das zunutze und will suggerieren, dass Konsumenten eines bestimmten Produkts ebenso sportlich und sympathisch werden wie die Person, die das Abzeichen an der Sportkleidung trägt.

Mit einem Abzeichen, das wir offensichtlich an der Kleidung tragen, bekennen wir uns zu etwas, das uns wichtig ist. Sei es eine Sportart, die wir selbst ausüben, eine Mannschaft, deren Fan wir sind, oder eine Band, die uns gefällt. Manchmal wird man darauf angesprochen und kann oder muss erklären, was es mit dem Abzeichen auf sich hat.

Jesus fordert uns dazu auf, das Abzeichen „Ich gehöre zu Jesus“ zu tragen. Wir sollen und dürfen vor Menschen zu unserer Freundschaft mit Gott stehen. Damit positionieren wir uns in dem weiten Feld der Weltanschauungen. Das finden nicht alle Menschen gut, manchmal führt das auch zu unangenehmen Diskussionen über die Vergehen in der Geschichte der Christenheit. Wäre es nicht viel leichter, einfach still zu sein und nur eine farblose Jacke ohne Abzeichen zu tragen? Vielleicht. Aber es würde damit auch vielen die Möglichkeit entgehen, durch dich mehr von Gott zu erfahren. Wie Gott in der Not helfen kann, was deinem Leben Kraft gibt, wie du mit schwierigen Situationen umgehst und wie ein sinnvolles Leben aussehen kann. Mit deinem Abzeichen bist du ein Segen für Menschen, die auf der Suche sind.

Tat-Sache

Gestalte dein eigenes „Ich gehöre zu Jesus“-Abzeichen, das laminiert oder professionell genäht deine Kleidung oder Taschen verzieren kann.

APFEL

Nicht die Gesunden brauchen einen Arzt, sondern die Kranken. Ich bin nicht gekommen, um die Gerechten zu rufen, sondern die Sünder.
Markus 2,17

Fund-Sache: Barmherzigkeit, Freundschaft, Jesus

Ansichts-Sache

Der Apfel gilt als das beliebteste Obst der Deutschen. Im Schnitt isst jede und jeder pro Jahr 30 kg Äpfel, das sind ungefähr 200 Äpfel, also vier pro Woche. Aber nur 37% der Mädchen und 29% der Jungen im Alter von 15 Jahren essen täglich Obst. Wie steht's mir dir? Isst du gern Äpfel?

Es gibt weltweit ca. 30.000 Apfelsorten. In Deutschland werden aber nur wenige heimische Sorten in den Supermärkten angeboten. Die Äpfel sind so gezüchtet, dass sie immer und überall gleich schmecken, egal wo sie herkommen. Außerdem wachsen sie an niedrigen Bäumen und können so leichter bearbeitet und gepflückt werden. Der bekannteste Apfel ist wohl der McIntosh, der dem ersten Apple-Computer seinen Namen lieh und heute mit Mac abgekürzt wird.

Ein bekanntes Sprichwort sagt: „An apple a day keeps the doctor away." Ursprünglich hieß das Sprichwort: „Eat an apple on going to bed, and you'll keep the doctor from earning his bread." Es erschien erstmals 1866 in einer walisischen Zeitschrift. Schon lange vorher wussten die Menschen, dass Äpfel gesund sind und hatten damit recht, wie moderne Analysemethoden zeigen: Ein Apfel besteht zwar zu 85% aus Wasser, aber er beinhaltet direkt unter der Schale auch jede Menge Kalium, Kalzium und Magnesium, die Vitamine B1, B2, B6, C und E sowie Folsäure und sekundäre Pflanzenstoffe, die z. B. gegen Krebs schützen können. Und dennoch: Wer jeden Tag einen Apfel isst, kann trotzdem krank werden.

Für uns heute ist Krankheit nicht mehr so ein großer Fehler, wie das noch vor 2.000 Jahren der Fall war. Damals wurden kranke Menschen aus der Gesellschaft ausgeschlossen und es war ihnen verboten, im Tempel Gottes Nähe zu suchen. Jesus hat da ganz anders reagiert: Er hat die Gemeinschaft mit genau diesen Menschen gesucht. In Markus 2 wird berichtet, wie er einem Zöllner, einem Kollaborateur, seine Freundschaft anbietet. Mit ihm und seinen Freunden, die schon einiges auf dem Kerbholz haben, isst und feiert er gemeinsam. Das passt den Oberfrommen und Korrekten gar nicht. Jesus antwortet mit dem links abgedruckten Bibelvers. Was will er damit sagen?

Gottes Ziel ist es, alle Menschen in seine Nähe zu holen, weil er alle Menschen gleich liebt – egal, ob sie gut, fromm, zielstrebig und korrekt leben und jeden Tag einen Apfel essen, oder ob sie ihre Lebenszeit vergammeln, ihren Körper ruinieren und ihre Seele mit schlechten Dingen belasten. Er ist gekommen, um zu heilen, was zerbrochen ist: vor allem die Beziehung zwischen Gott und Mensch. Jesus als Arzt klebt nicht nur ein Pflaster drauf, sondern heilt von innen heraus. Er ist der beste Arzt!

Tat-Sache

Um den tollen Geschmack von Äpfeln zu testen, lohnt es sich, viele verschiedene Rezepte auszuprobieren, z. B. einen Apfelstrudel aus Blätterteig und geschnittenen Äpfeln.

ATTEST

Sagt einfach „Ja“, wenn ihr „Ja“ meint, und „Nein“, wenn ihr „Nein“ meint. Jedes weitere Wort kommt vom Bösen.
Matthäus 5,37

Fund-Sache: Bekenntnis, Lüge, Wahrheit

Ansichts-Sache

Wer länger als drei Tage nicht in die Schule oder zur Arbeit kommt, muss ein ärztliches Attest vorlegen, auf dem eine Ärztin oder ein Arzt bestätigt, dass man wirklich krank war. Warum ist das nötig? Weil wir alle schon die Erfahrung gemacht haben, dass wir nicht immer ganz bei der Wahrheit bleiben. Wenn du nicht genug Zeit oder Lust gehabt hast, auf eine Klassenarbeit zu lernen, dann ist es manchmal leichter, einfach krank zu machen, um keine schlechte Note zu bekommen.

Sich zu tarnen und andere zu täuschen, um an sein Ziel zu kommen, das gibt es auch im Tier- und Pflanzenreich. Mimikry nennt man das. Ungefährliche Tiere sehen aus wie gefährliche und sind so vor Feinden sicher: Die gelb-schwarz gestreifte Schwebfliege wird oft mit einer Wespe verwechselt, kann aber in Wirklichkeit keiner Fliege was zuleide tun.

Die Täuschung scheint uns also im Blut zu liegen. Wir lügen täglich – vielleicht 200-mal, sagt eine Studie, aber auch diese Zahl kann eine Lüge sein ... Auffallend ist, dass wir eher lügen, wenn wir jemanden beeindrucken wollen. Manchmal verteilen wir auch Komplimente aus Höflichkeit. Jüngere Menschen lügen häufiger als ältere. Meist lügen wir, wenn wir unter Zeitdruck stehen, weil das schlechte Gewissen keine Zeit hat, sich bemerkbar zu machen. Und auch in der Schule bei Klassenarbeiten geht es nicht immer ehrlich zu. Man sieht es den meisten Menschen nicht an, ob sie lügen, auch wenn beim Lügen die Nase nachweislich besser durchblutet ist als sonst. Dabei wird sie zum Glück aber nicht länger.

Weil wir wissen, dass Menschen immer wieder lügen, müssen wir unseren wichtigen Aussagen ein Echtheitszertifikat anhängen. „Das stimmt wirklich! Ich schwöre bei Gott!“ Gott muss als Wahrheitsgarant herhalten. Aber Gott findet es nicht gut, dass sein Name dafür missbraucht wird. Darum haben die Menschen früher beim Himmel, bei der Erde oder bei Jerusalem geschworen, um Gottes Namen nicht zu verwenden. Auch das ist Unsinn, sagt Jesus, denn das alles gehört Gott, also schwört man letztlich doch bei Gott! Jesus fordert uns dagegen zu einem ehrlichen Lebensstil auf, dann brauchen wir keinen Schwur und kein Attest. Denn was ist der Grund für eine Lüge? Wir erhoffen uns einen Vorteil und vermeiden unangenehme Wahrheiten. Weil aber Gott versprochen hat, für uns zu sorgen, haben wir es nicht mehr nötig zu lügen. Wir können zu unserem Wort stehen, weil Gott zu uns steht. Er kümmert sich um unser körperliches und seelisches Wohl. Er liebt uns so, wie wir sind, ohne dass wir etwas vortäuschen müssen.

Tat-Sache

Wie leicht fällt dir das Lügen? Das kannst du in einem Kartenspiel testen. Ein Kartenspiel mit verschiedenen Zahlen und Farben wird unter allen Spielenden ausgeteilt. Eine Person beginnt, legt verdeckt eine Karte in die Mitte und sagt Zahl und Farbe. Die nächste Person muss entweder dieselbe Zahl oder dieselbe Farbe legen und sagt, was sie gelegt hat. So geht es reihum weiter. Ziel ist es, alle Karten loszuwerden. Dafür muss man schon mal lügen. Wer glaubt, dass jemand gelogen hat, deckt die zuletzt gelegte Karte auf. Wer Unrecht hat, muss den ganzen Stapel nehmen.

BANANE

Kommt zu mir, ihr alle, die ihr euch abmüht und belastet seid! Ich will euch Ruhe schenken.
Matthäus 11,28

Fund-Sache: Hilfe, Kraft Gottes, Liebe Gottes

Ansichts-Sache

Warum ist die Banane krumm? Diese Frage beschäftigt uns Europäer vermutlich schon seit der Ankunft der ersten Banane auf unserem Kontinent. Dabei ist die Antwort ganz einfach: Eine Banane wächst an einer Staude. Diese Staude entwickelt mehrere dicke Blüten, sogenannte Blütenstände. Diese werden mit der Zeit so schwer, dass sie nach unten hängen. Aus jedem Blütenblatt wachsen mehrere Bananen. Weil der Blütenstand nach unten hängt, wächst auch die Banane nach unten. Aber dann stellt sie fest: „Oh, das Licht ist ja oben!“ Und weil die Banane weiß, dass sie ohne Licht nicht gut wachsen kann, sondern verkümmern wird, ändert sie ihre Wuchsrichtung und wächst Richtung Sonne nach oben. So einfach ist das.

In unserem Leben ist es leider nicht immer so einfach. Da gibt es Dinge, die uns so schwer werden, dass sie uns wie eine Last nach unten drücken. Wenn eine Beziehung in die Brüche geht, dann finden wir das nicht mehr witzig. Oder wenn es in der Schule einfach gar nicht läuft und wir nicht versetzt werden, dann kann uns das ganz schön nach unten ziehen. Auch schwere oder chronische Krankheiten, Geldnot, Mobbing, Süchte oder der zu große Leistungsdruck können uns in die Knie zwingen.

Zur Zeit Jesu waren es religiöse Leiter, die den Menschen großen Druck gemacht haben. „Ihr müsst alle Gebote einhalten, damit ihr Gott gefallt!“ So haben sie sich gegenseitig zu Höchstleistungen angespornt und alle verachtet, die da nicht mitgezogen haben: Leute, die mit der Besatzungsmacht, den Römern, zusammenarbeiteten;

Frauen, die ihre Körper verkauften; Kranke, Arme, Verwitwete, Kinderlose wurden ausgestoßen, weil sie Gottes Gebote nicht einhalten konnten.

Jesus eröffnet eine neue Perspektive: „Kommt zu mir! Ich nehme euch die Last", sagt er. „Mir zu folgen ist keine Last, sondern erfrischt euch." Wie kann das gehen? Weil Gott der Schöpfer der Welt ist, hat er alles im Griff. Und weil er dich wunderbar geschaffen hat, musst und kannst du nichts tun, um seine Liebe zu verdienen. Er liebt dich bedingungslos, so wie du bist! Und er hat die Kraft, mit dir das Schwere in deinem Leben zu tragen. Du darfst es ihm geben, zum Beispiel in einem Gebet:

Gott, manchmal kann ich kaum noch atmen, so schwer ist meine Last. Du bist der Herr der Welt. Du hast die Macht über alles. Das will ich dir glauben. Darum gebe ich dir meine Last und bitte dich, dass du dich darum kümmerst. Bitte erfrische mich. Amen.

Mach es wie die Banane, wende dich dem Licht Gottes zu.

Tat-Sache

Die Jugendlichen sollen die Gelegenheit haben zu spüren, wie von ihnen eine große Last abfallen kann. Dazu wird pro Person ein Stein benötigt, der schwer sein darf. Ob die Jugendlichen darauf notieren oder zeichnen, was ihre Last ist, oder es nur in Gedanken tun, hängt von der Beschaffenheit des Steines und der Bereitschaft der Jugendlichen ab. Haben sich alle mit ihrem Stein beschäftigt, soll er ein Stück getragen werden. An einem vorbereiteten Ort mit einem schlichten Holzkreuz wird er abgelegt. Dabei kann das Gebet gesprochen werden. Anschließend bekommen alle einen Becher mit erfrischendem gekühltem „KiBa".

BETT

Ich legte mich nieder und schlief. Als ich erwachte, wusste ich: Der Herr hält seine Hand über mich.
Psalm 3,6

Fund-Sache: Friede, Geborgenheit, Schutz

Ansichts-Sache

Wenn dich alle nerven, du wütend, enttäuscht oder traurig bist, dann ist das Bett ein guter Ort, um Zuflucht vor der bösen Welt da draußen zu finden. Decke über den Kopf, ins Kissen heulen, sich vergraben. Die Bettdecke fühlt sich an wie eine liebevolle Umarmung. Außer der täglichen Nutzung des Bettes als Chillcouch, für Hausaufgaben und als Kinosessel ist es aber auch ein Ort für Einsamkeit, Zweisamkeit oder sogar sexuelle Gewalt. Wir schlafen im Schnitt 7,5 Stunden pro Nacht darin. Für diese lange Zeit ist eine bequeme und sichere Lage sinnvoll. Schon immer war das ein Bedürfnis der Menschen.

Das Wort Bett bedeutet so viel wie „in den Boden eingewühlte Lagerstätte". Bei Ausgrabungen in Afrika hat man 200.000 Jahre alte Grasbetten gefunden. Neue Grasschichten wurden auf alte, verbrannte gelegt. Die Asche diente als Isolierung gegen Insekten, Schmutz und Kälte. Die Ägypter verwendeten ihre Liege sowohl zum Schlafen als auch als Sitzgelegenheit. Frühstück, Mittagessen, Abendessen im Bett – wie gemütlich! Je mehr Zeit verging und umso reicher die Menschen waren, desto höher wurden die Bettgestelle. Einfache Menschen lagen aber bis weit in unsere Zeit einfach auf dem Boden.

Im Bett kommen wir zu Ruhe. Wenn alles ausgeschaltet ist und still wird, dann machen sich oft die Gedanken bemerkbar, die tagsüber keine Aufmerksamkeit bekommen haben. Und das sind nicht immer nur gute Gedanken. Sorgen, ob du die Klassenarbeit morgen gut hinbekommst, Ärger über den Streit mit der Mutter, Liebeskummer, was wird aus dir, aus unserer Welt, das alles kann uns noch lang wachhalten.

König David hatte Streit mit seinem Sohn. Der wollte König werden und verfolgte seinen Vater. An diese Situation erinnert der Psalm. Eigentlich sollte man denken: Schlafen ist da die schlechteste Art, sich zu verteidigen. Im Schlaf ist man völlig ausgeliefert. Kann sich der Feind nur leise genug anschleichen, ist es vorbei mit dem Leben. Wer passt dann auf? David weiß: „Ganz ruhig kann ich mich schlafen legen, weil Gott mich beschützt, bis ich morgens wach werde.“

Dieser Gott bewacht auch dein Bett und die inneren Kämpfe, die du darin austrägst. Gott sieht deine Tränen, er kennt deinen Schmerz, er weiß um deine Angst und die Mühe, die du mit der Schule und in Beziehungen hast. Gott als Wächter – in der tatsächlichen Nacht und auch in deinen seelischen Nächten – schenkt dir den Frieden mit der Tatsache, dass manches heute nicht mehr geändert werden kann. Es kann deine Nacht ruhiger und entspannter machen, wenn du Gott alles in seine Hände legst, bevor du das Licht ausmachst. Verwandle deine Abendgedanken in Gebete! Und stell dir vor, wie seine Liebe dich wie eine Bettdecke umhüllt.

Tat-Sache

Martin Luther hat in seinem Abendsegen den Tag vor Gott ausgebreitet, um Vergebung für das am Tag Verpasste und um Schutz in der Nacht gebeten. Wie formulierst du dein eigenes Abendgebet?

BLUETOOTH

Ihr werdet mich suchen, und ihr werdet mich finden. Ja, wenn ihr von ganzem Herzen nach mir fragt, dann lasse ich mich von euch finden.
Jeremia 29,13-14a

Fund-Sache: Glaube, Lebensinhalt, Nachfolge

Ansichts-Sache

Ständig ist jemand im Kabelsalat der Geräte hängengeblieben und gestolpert. Ob Smartphones, Lautsprecherboxen, Radio, Computermaus, Headsets oder Kopfhörer, immer gab es irgendein Kabel, das im Weg war und möglichst hinter dem Schrank versteckt werden sollte. Das hat auch die Computerentwickler gestört und sie haben sich in den 1980er Jahren mit Funkverbindungen beschäftigt. Doch hoher Stromverbrauch und Funkstörungen führten dazu, dass ein Durchbruch auf sich warten ließ. 1994 wurde die schwedische Firma Ericsson damit beauftragt, eine bessere Funkverbindung zu finden. Und so wurde 2001 die erste fehlerfreie Bluetooth-Verbindung möglich.

Der Schwede Sven Mattisson und der Amerikaner Jim Kardach gehörten zur Forschungsgruppe. Nach einem ergebnislosen Arbeitstag verbrachten sie den Abend in einer Kneipe und sprachen über etwas ganz anderes – nordische Geschichte. Sie kamen auf den Wikinger Harald Gormson mit dem Beinamen Blauzahn (englisch: Bluetooth) zu sprechen. Er lebte im 10. Jahrhundert und war für sein kommunikatives Geschick bekannt. Er schaffte es, die zerstrittenen Stämme aus Dänemark, Südschweden und Teilen von Norwegen durch Kommunikation und diplomatisches Geschick zu einem Königreich zu vereinen. Und so wurde er zum Namensgeber einer neuen Technologie, die getrennte Geräte miteinander verbindet. Seine Initialen H und B sind in Runen, den Schriftzeichen der Germanen, auf allen Bluetooth-Geräten abgebildet.

Eine unsichtbare Verbindung – die können wir auch zu Gott haben. Aber oft sind wir zu beschäftigt, um unser Lebensgerät auf Empfang zu schalten. Die Schule fordert uns, die Eltern wollen unsere Unterstützung, die Zeit mit Freundinnen und Freunden darf nicht zu kurz kommen und das eine oder andere Hobby erwartet unsere Verbindlichkeit. Der Tag ist gefüllt, der Abend kommt viel zu schnell, Zeit zum Nachdenken über unser Leben und die Probleme der Welt haben wir kaum. Und wenn doch, dann haben wir eigene Lösungen, wie wir unsere Fünf in Französisch oder den Streit mit XY in den Griff bekommen wollen. Und doch merken wir, dass all unsere eigenen Vorhaben zum Scheitern verurteilt sind. Wir haben unser Leben nicht im Griff. Wir sind auf jemanden angewiesen, der auf uns zukommt und uns an die Hand nimmt.

Gott verspricht, immer empfangsbereit zu sein. In Jesus lässt er sich finden und wird ein Gott zum Anfassen. Er zeigt sich als liebender Gott, der Schuld vergibt und unser Leben wieder in die richtige Bahn führt. Wer ihn sucht, wird niemals abgewiesen. Wer an Jesus glaubt, hat Gott gefunden. Auch wenn du ihn nicht sehen kannst, ist er trotzdem da.

Tat-Sache

Von Gott aus steht die Verbindung. Durch sie kannst du dir Kraft und Mut von Gott schenken lassen. Das Gebet ist eine Form, wie wir diese Verbindung aufnehmen können. Die folgenden Bücher geben viele Tipps, wie dies kreativ geschehen kann:
Müller, Christoph / Renken, Katharina (Hg.): Praystation, buch+musik, Stuttgart ^{2}2018, und Threlfall-Holmes, Miranda und Noah: Mein Gebete-Experimentierbuch. 18 Ideen mit Gott zu reden, Neukirchener Verlage, Neukirchen Vluyn / buch+musik ejw-service gmbh, Stuttgart 2021.

BROTDOSE

Der Herr wende dir sein Angesicht zu und schenke dir Frieden!
4. Mose 6,26

Fund-Sache: Liebe Gottes, Segen, Versorgung

Ansichts-Sache

Wenn es in der Schule zur Pause läutet, dann geht der Griff zur Brotdose und der Blick zur Nachbarin oder zum Nachbarn. Was hat sie oder er dabei? Was ist in meiner Brotdose? Welche Mutter (oder welcher Vater) ist die Beste und gibt das leckerste Frühstück mit? Welches Kind hat „nur" Rohkost und Obst dabei, wer ein Brötchen vom Bäcker und wer sogar Süßigkeiten? Es wird getauscht und probiert und neidisch geguckt. Je älter man wird, desto peinlicher ist es, ein Pausenbrot von der Mutter oder dem Vater dabei zu haben. Lieber geht man in die Cafeteria oder in den nahegelegenen Supermarkt, um sich das Frühstück selbst zu kaufen.

Dass Menschen Proviant auf Reisen mitgenommen haben, gab es wohl schon immer. Heute nimmt man sich von zu Hause Essen für die Pause in der Schule, am Arbeitsplatz, auf Wanderungen oder Radtouren mit. Im Krieg hat das anders funktioniert. Da haben sich die Soldaten von der Bevölkerung das genommen, was sie wollten, zur Not auch mit Gewalt. Heute ist das zum Glück anders geregelt. Von 1880 bis Anfang des 20. Jahrhundert gab es Naturalverpflegungsstationen, die die obdach- und arbeitslosen Menschen mit Essen versorgten, um die Bettelei unter der Bevölkerung zu verringern. Heute übernehmen das Einrichtungen wie die Tafel, die Bahnhofsmission oder Obdachlosenheime.

Schön, wenn auch vielleicht peinlich, ist es, wenn es Menschen gibt, die einem am Morgen ein Pausenbrot mitgeben. Ein Blick in die Brotdose ist dann wie ein Blick in das Gesicht von Mutter oder Vater. Da sorgt jemand für mich, weil sie oder er mich liebt. Ich bin ihr oder ihm nicht egal. Sie oder er denkt an mich und begleitet mich auf meiner Reise.

Der Segensspruch, der am Ende fast jedes Gottesdienstes gesprochen wird, ist wie so ein Blick in eine Brotdose, die Gott dir jeden Tag mitgibt. Er wendet sich dir zu und sieht dich. Er schaut dich voller Liebe an. Er sorgt für dich und gibt dir das, was du für den Tag brauchst. Was dir nicht „geschmeckt" hat, was schlecht lief, wo du Verletzung und Enttäuschung erlebt hast, das kommt abends in den Müll. Und am nächsten Morgen gibt er dir wieder eine neue Dose Kraft für den Tag mit. Das nennt die Bibel Segen. Das sind Lebenskräfte, die der Mensch sich nicht selbst geben kann. Das ist der Zuspruch der Kraft und Liebe Gottes über deinem Leben.

Dass Gott dich mit seiner Liebe anleuchtet, das können auch andere Menschen sehen. So wie manche ihr Pausenbrot teilen, so kannst du etwas von der Liebe Gottes an andere weitergeben. Zum Beispiel indem du für sie betest und ihnen den Segen Gottes zusprichst.

Tat-Sache

Brotdosen aus Plastik gibt es günstig zu kaufen. Mit wasserfesten Stiften können sie mit dem Segensspruch aus 4. Mose 6 verziert werden. Und wenn du in der Schule siehst, dass andere kein Pausenbrot dabeihaben, dann bringe ihnen am nächsten Tag doch eines mit. So erfahren sie durch dich, dass sie nicht vergessen sind.

BÜROKLAMMER

Ja, Gott, der Herr, ist die Sonne, die uns Licht und Leben gibt.
Psalm 84,12a (GNB)

Fund-Sache: Anerkennung, Individualität, Schöpfung

Ansichts-Sache

Kennst du das? Da fragt dich jemand: „Was ist deine Lieblingsfarbe?“ „Was ist denn deine?“, stellst du zuerst die Gegenfrage. „Grün. Und deine?“ „Ich finde Blau schön.“ Antwort: „Ja, Blau finde ich auch schön, sogar schöner als Grün.“ „Aber eben war Grün doch noch deine Lieblingsfarbe ...?!“

Manche Menschen neigen dazu, sich extrem anzupassen. Wir alle wollen geliebt und anerkannt werden und irgendwo dazugehören. Und wir glauben, das ist dann der Fall, wenn wir dieselbe Meinung vertreten wie andere, denselben Kleidungsstil mögen oder dieselbe Musik hören. Oft geschieht diese Anpassung schleichend und wir merken gar nicht, wie wir uns dabei verbiegen.

Die meisten Büroklammern – nämlich ca. 76% – fallen einer ähnlichen Verbiegerei zum Opfer. Meist aus Langeweile und unbewusst nebenbei im Unterricht oder während eines Telefonats verbiegen wir diese kleinen Gegenstände, die eigentlich dazu bestimmt sind, mehrere Papiere zusammenzuhalten und damit für Ordnung zu sorgen. Es gibt aber auch Büroklammern, die aus Titan und Nickel bestehen. Sie besitzen ein sogenanntes Formgedächtnis. Wirft man eine solche verbogene Büroklammer in heißes Wasser oder hält sie in eine Flamme, so nimmt sie sofort wieder ihre natürliche Form an.

Auch für uns gibt es so eine Wärmequelle, die uns wieder in unsere ursprüngliche Form bringen kann: Gott ist die Sonne, die uns Licht und Leben gibt. Bei ihm können wir so sein, wie wir sind. Vor ihm müssen wir uns nicht verbiegen. Er zeigt uns, was unsere ursprüng-

liche Form war. Wir sind seine Geschöpfe, von ihm wunderbar erdacht und gemacht. Er allein gibt uns unseren Wert! Wir sind ihm so wertvoll, dass er sogar selbst auf die Erde gekommen ist, um unser Freund zu sein.

Im Zweiten Weltkrieg trugen viele Norweger eine Büroklammer am Kragen ihrer Jacke oder ihres Hemdes. Das war ein Zeichen gegen die deutsche Besatzungsmacht und für den norwegischen König und den Zusammenhalt des norwegischen Volkes. Sie haben sich nicht verbogen, sondern blieben standhaft gegen die aktuelle Regierung. Einfacher wäre es gewesen, sich den Nazis anzuschließen und ihre Parolen mitzugrölen. Das hätte ihnen einige Vorteile gebracht, aber auch den Verlust ihrer eigenen Meinung bedeutet.

Eine Büroklammer an deiner Kleidung als Zeichen „Ich lasse mich nicht verbiegen“ kann dich daran erinnern, dass du dich nicht an andere anpassen musst, um geliebt und anerkannt zu sein. Trage sie als Zeichen, dass Gott dir deinen Wert gibt. Ohne dass du dich verbiegen musst.

Tat-Sache

Wie die verbogene Büroklammer in ihre Form zurückspringt, wenn sie mit Hitze in Berührung kommt, könnt ihr selbst ausprobieren. Dazu wird eine Büroklammer aus Nitinol (kostet ca. 4 Euro) in 45 Grad warmes Wasser gelegt. Ein Beispiel findet man unter www.youtube.com/watch?v=VDT7a5twx28.

CANNABIS

Ihr sagt: „Ich darf alles!“ – Aber das heißt doch nicht, dass auch alles gut für euch ist. Ihr sagt: „Ich darf alles!“ – Aber das bedeutet doch nicht, dass euch irgendetwas beherrschen soll.
1. Korinther 6,12

Fund-Sache: Freiheit, Gebote, Lebensstil

Ansichts-Sache

Cannabis ist eine umstrittene Sache: In Deutschland ist der Konsum aktuell zwar nicht strafbar, Anbau, Handel und Besitz von Cannabis sind aber verboten. Nur für medizinische Zwecke darf Cannabis (seit 2017) hier angebaut werden. In anderen Ländern ist der Besitz kleiner Mengen erlaubt, in manchen ist Cannabis sogar einfach ganz legal. Noch bis ins Jahr 1925 war Cannabis als Medikament leicht erhältlich und im 19. Jahrhundert eines der am häufigsten verschriebenen Medikamente gegen Schmerzen, Rheuma, Epilepsie und Bronchitis. Die ältesten Nachweise über die Verwendung von Cannabis findet man in einem 4.700 Jahre alten medizinischen Buch aus China. Mit dem ersten Kreuzzug im 11. Jahrhundert hat es seinen Weg nach Europa gefunden.

Erlaubt oder nicht – das ist eine spannende Frage und wird heiß diskutiert. Nicht nur in Bezug auf Cannabis, sondern auch bei Tierversuchen für lebenswichtige Medikamente, bei der langfristig wirksamen Unterstützung für sogenannte Entwicklungsländer, bei der Suche nach Umweltschutzmaßnahmen usw. Viele solcher Fragen sind nicht leicht zu beantworten. Da muss gut abgewogen werden, was das kleinere Übel ist. Und manchmal gibt es auch Sonderfälle und Ausnahmen, die es zu berücksichtigen gilt. Wie schön war das, als wir noch Kinder waren und unsere Eltern uns ganz klar verboten haben, den Sand zu essen oder einem anderen Kind mit der Schaufel auf den Kopf zu hauen! Auch heute wünsche ich mir manchmal ein klares Ja oder Nein von jemandem, dem ich vertrauen kann.

Denn sich mit allem auseinanderzusetzen und eine eigene Meinung zu bilden, ist auch anstrengend.

Gott hat uns die Freiheit gegeben, selbst zu entscheiden, was gut und richtig für uns ist. Den Verstand, den er uns gegeben hat, sollen wir einsetzen. Aber was ist die Richtschnur, an der wir uns dabei orientieren? Die Freiheit. Alles ist erlaubt, aber es darf mir und anderen nicht die Freiheit rauben oder uns beherrschen. Das ist eben das Problem mit Rauschmitteln, bestimmten Lebensmitteln, Anerkennung durch Leistung oder Beziehungen, dem Gebrauch von digitalen Medien – eigentlich mit allem. Sie ziehen uns in ihren Bann und wir verlieren die Freiheit, uns selbst dafür oder dagegen zu entscheiden. Hier ist es wichtig, sich immer wieder selbst zu fragen: Tut es mir gut, was ich gerade tue? Bin ich noch frei?

Gott, der Erfinder der Freiheit, lädt dich ein, dich an ihn zu hängen. Er kann dich von einengenden Bindungen, von abhängigem Verhalten und von belastender Schuld befreien.

Tat-Sache

Falte deine Hände und lass dir von jemandem deine beiden Handgelenke einfach (nicht mehrmals) mit einem Stück Wollfaden umwickeln und zuknoten. Wie fühlt sich das an? Versuche, damit eine Aufgabe zu lösen, z. B. ein Glas Wasser zu trinken.

Was engt dich im Leben ein? Was nimmt dich gefangen? Bitte Gott im Gebet darum, dich von deinen Fesseln zu befreien. Öffne deine Hände und ziehe sie ruckartig auseinander, sodass der Wollfaden reißt. Wie fühlt sich die Befreiung an?

CHIPS

Ich tue nicht das, was ich eigentlich will – das Gute. Sondern ich tue das, was ich nicht will – das Böse.
Römer 7,19

Fund-Sache: Lebensstil, Neuanfang, Veränderung

Ansichts-Sache

Vielleicht kennst du das: Da liegt eine volle Tüte Chips neben dir – und plötzlich ist sie leer. Eigentlich wolltest du nur eine Handvoll davon essen, aber irgendwie hat sich deine Hand verselbstständigt und du konntest einfach nicht aufhören. Schuld daran ist das Verhältnis von Fett und Kohlenhydraten: 35% Fett und 45% Kohlenhydrate – diese Kombination aktiviert das Belohnungszentrum in unserem Vorderhirn und setzt gleichzeitig unser Sättigungsempfinden außer Kraft. Das funktioniert übrigens auch bei Erdnussflips und einigen Schokoladensorten.

Die Chips sind eine Erfindung von George Crum, der Koch in einem Hotel im Staat New York war. Am 24. August 1853 hatte sich ein Gast über zu dicke Bratkartoffeln beschwert, darum servierte Crum ihm extrem dünne Kartoffelscheiben. Der Gast war begeistert und Crum setzte sie ab da auf die Speisekarte. Eine andere Legende erzählt, dass die Schwester Crums versehentlich eine dünne Kartoffelscheibe in heißes Fett fallen ließ. Crum fand sie sehr lecker – die Kartoffelchips waren geboren. Seitdem werden sie weltweit von verschiedenen Herstellern mit unterschiedlichen Geschmacksrichtungen produziert und vermarktet.

Einfach nicht aufhören können – das erleben wir auch in anderen Situationen. Wir wollen nicht mehr so viel Zeit am Handy verbringen. Nur noch das eine Spiel. Aber dann stellen wir entsetzt fest, dass schon wieder zwei Stunden vergangen sind, ohne dass wir für die Klassenarbeit morgen gelernt haben. Wir wollen ab jetzt mehr

Sport machen, aber schon am zweiten Tag haben wir keine Lust mehr. Der Diätplan hält nur ein paar Tage und die fest vorgenommene Ordnung im Schulranzen übersteht die zweite Schulwoche nicht. Eigentlich wollen wir nicht so leben, tun es aber trotzdem immer wieder. Was jetzt? Können wir uns jemals ändern?

Nein und ja. Nein, wir können das nicht. Aus eigener Kraft schaffen wir das nicht. Aber Jesus kann es! Er hat mit seiner Auferstehung gezeigt, dass er stärker ist als alles andere, als alle Versuchungen und alle Mächte, die uns zu schlechtem Verhalten „zwingen“ wollen. Und ja, wir können das. Wenn Gottes Geist in uns wohnen darf, schenkt er uns die Kraft, solches Verhalten zu beenden und den Teufelskreis zu durchbrechen. Im Gebet können wir Gott immer wieder unsere schwierigen Punkte nennen und ihn um Unterstützung bitten. Weil er die Macht hat, kann er uns helfen, unser Verhalten zu verändern. Wir leben noch in einer Welt voller Sehn-Süchte und doch auch schon in Gottes neuer Welt. Und darum werden wir an dieser Stelle immer wieder zu kämpfen haben. Aber gleichzeitig können wir schon feiern, dass mit Gott Veränderung möglich ist – Stück für Stück.

Tat-Sache

Kartoffelchips sind leicht selbst herzustellen. Dazu werden mehligkochende Kartoffeln mit oder ohne Schale sehr dünn geschnitten oder mit einem Gemüsehobel in Scheiben gehobelt. Die Scheiben mit Wasser abbrausen und mit Küchenkrepp trockentupfen. In heißem Sonnenblumenöl schwimmend in Topf kurz backen und anschließend mit Salz und Paprikapulver würzen.

COMPUTERMAUS

Jesus antwortete: „Ich bin der Weg, die Wahrheit und das Leben. Es gibt keinen anderen Weg zum Vater als mich."
Johannes 14,6

Fund-Sache: Gebet, Glaube, Jesus

Ansichts-Sache

Du sitzt an deinem Rechner und bist mit deinen Freunden verabredet. Aber du kommst nicht in das Programm, denn die Maus spinnt mal wieder! Du brauchst sie, um deinen PC zu steuern. Ohne sie kannst du nur beobachten, was auf dem Monitor geschieht.

Eben mal was auf dem Computer anklicken, das war nicht immer so einfach. Anfangs gab es Computer nur in großen Firmen, Universitäten und beim Militär. Befehle konnte man nur mit Tastenkombinationen oder mit Papierstreifen, in die Löcher gestanzt waren, eingeben. Das war ziemlich umständlich, dauerte lange und war nur Profis möglich. Douglas Engelbart entwickelte darum 1968 einen Holzkasten, in den zwei kleine Rädchen eingebaut waren. So konnte man den Kasten entweder nach rechts und links oder nach oben und unten bewegen. Damit wurde ein schwarzer Punkt auf dem Monitor bewegt. Ein roter Knopf zum Drücken ermöglichte das Anklicken. Weil er mit seinem schwanzartigen Kabel wie eine Maus aussah, hat er diesen Namen bekommen – und bis heute behalten. Es dauerte aber noch, bis die Computermaus Verbreitung fand. Erst 1984 hielt sie in die Computerwelt Einzug. Heute wird die Maus nicht mehr mechanisch gesteuert, sie gibt optische Signale weiter. Es gibt verschiedene Ausführungen, passend für jede Handhaltung. Die Computermaus hat die Verbindung zwischen Computer und Mensch möglich gemacht.

Die Verbindung zwischen Gott und Mensch war früher ähnlich schwierig. Nicht Lochstreifen oder auswendig gelernte Tastenkombinationen waren nötig, sondern Reinheit durch Opfer und ein Hohepriester. Gott und Mensch – der Beziehungsstatus auf Facebook hätte gelautet: „Es ist kompliziert …“. Gott wollte den Menschen nah sein, aber sie misstrauten ihm und entfernten sich immer wieder von ihm. Gott wollte, dass alles wieder so würde wie im Garten Eden, als er mit den Menschen spazieren ging. Das war sein ursprünglicher Plan gewesen.

Jesus hat mit seinem Tod am Kreuz die Trennung zwischen Gott und Mensch aufgehoben. Er ist der Weg, der die Kommunikation wieder möglich macht. Jederzeit und an jedem Ort. Durch ihn sind wir nicht mehr nur Zuschauende, sondern können im Gebet mit Gott in Kontakt treten. Wir können ihn bitten, Situationen zu ändern, Schuld zu vergeben, Neuanfang zu schenken, Krankheit und Leid zu beenden. Jesus ist der Weg zu Gott, durch den wir Gott anklicken können.

Tat-Sache

Startet einen Klick-Wettbewerb. Unter www.klickspiel.net werden die Klicks innerhalb von 15 Sekunden gezählt. Wie schnell kannst du klicken?

CORNFLAKES

Wir wissen aber: Denen, die Gott lieben, dient alles zum Guten.
Römer 8,28a

Fund-Sache: Begabung, Fehler, Neuanfang

Ansichts-Sache

Was ist für dich ein gutes Frühstück? Brötchen mit Nutella? Schokomüsli? Oder gar nichts? Eine Umfrage von 2015 hat ergeben, dass 60% der Deutschen Brot oder Brötchen mit Käse (32%), Butter (31%), Wurst (27%) und süßem Aufstrich (25%) essen. Obst und Müsli essen nur 17%. Süße Aufstriche werden eher von Älteren gegessen, Obst und Müsli von Jüngeren. 9% frühstücken gar nicht.

In Amerika ist das Frühstück neben dem Abendessen die Hauptmahlzeit. Darum gibt es schon am Morgen Omelette, Eier mit Speck, Schinken oder Würstchen, Bratkartoffeln, Pancakes und Toast mit Butter und Marmelade. Ganz schön üppig! 1879 behandelte der amerikanische Arzt John Harvey Kellogg in einem Sanatorium Menschen, die Verdauungsbeschwerden hatten. Weil er selbst überzeugter Vegetarier war und sich gesund ernährte, servierte er seinen Patienten ein gesundes Frühstück: Brot und Brei aus Getreide und Nüssen. Das schmeckte nicht, aber dennoch wurde er damit zu einem berühmten Arzt. Sein Bruder Will Keith arbeitete als Buchhalter für ihn.

Eines Morgens änderte sich ihr Leben, als sie den gekochten und bereits eingetrockneten Weizen vom Vorabend sahen. Er war zu schade zum Wegwerfen, so kamen sie auf die Idee, ihn durch Rollen zu drehen und die Krümel anschließend zu backen. Die Patienten waren begeistert. Ein neues Frühstück war erfunden. Will Keith gründete eine Firma, um für den Hausgebrauch der Patienten zu produzieren. Daraus wurde ein weltweites Unternehmen, das über 50 verschiedene Produkte herstellt und 2019 damit einen Umsatz

von 13,6 Milliarden US-Dollar machte. Aus einem Fehler wurde ein erfolgreiches Geschäft.

Solche Momente, in denen alles schiefgeht, kennen wir zu Genüge. Da kommen wir in einem Schulfach gar nicht klar. Es fällt uns schwer, tiefe Freundschaften zu schließen. In der Sportgruppe wollen wir einen guten Eindruck machen und stolpern erstmal über unsere eigenen Füße. Das Leben ist nicht nur Sonnenschein, es geschehen auch Dinge, die niemand braucht. Streit, Verletzung, Mobbing, Krankheit, Tod können uns verzweifeln lassen. Aber Gott hat versprochen, dass er uns in all diesen blöden Erfahrungen nicht vergessen hat. Auch wenn es erst ganz schlecht aussieht: Gott kann alles zum Guten wenden. Vielleicht nicht sofort. Manchmal erkennen wir auch erst nach Jahren, dass Gott seine Finger im Spiel hatte. Aber du kannst ihm vertrauen, dass er in all diesen schwierigen Situationen dabei ist und sogar aus Fehlern etwas Gutes entstehen lassen kann. Schließlich ist er dein liebender Vater.

Tat-Sache

Cornflakes kann man leicht selbst herstellen: 1 l Wasser wird mit 900 g Mais- oder Dinkelmehl, etwas Salz, etwas Honig und 1 TL Öl gemischt und zu einem Teig verarbeitet. Jeweils kleine Portionen des Teigs werden so dünn wie möglich ausgewellt und in einer fettfreien Pfanne 1 bis 2 Minuten pro Seite gebacken. Anschließend werden sie in einer Pfanne mit Fett kurz geröstet. Nachdem sie auf einem Küchenpapier vom überschüssigen Fett befreit wurden, werden sie in kleine Stücke gebrochen.

DISPLAY

Der Geist dagegen bringt als Ertrag: Liebe, Freude und Frieden, Geduld, Güte und Großzügigkeit, Treue, Freundlichkeit und Selbstbeherrschung.
Galater 5,22-23a

Fund-Sache: Ehrlichkeit, Heiliger Geist, Nachfolge

Ansichts-Sache

Oh Mist! Runtergefallen! So schnell hat dein neues Smartphone einen Riss im Display. Das ist sehr ärgerlich, aber passiert fast allen einmal. Damit ist das Smartphone aber nicht kaputt. Auch wenn der Touchscreen nicht mehr funktioniert, lassen sich per Kabel über den PC die Daten retten, wenn das Glas nicht mehr ausgetauscht werden kann. Das Display führt eben kein Eigenleben, das mit einem Riss im Glas beendet ist, sondern es bildet nur ab, was sich im Smartphone befindet. Und diese Abbildungsvorgänge sind ganz schön kompliziert.

Flüssigkristalle, die flüssig und gleichzeitig kristallartig sind, werden unter elektrische Spannung gesetzt. Diese entscheidet darüber, wie sich die Kristalle ausrichten. Dadurch scheint an unterschiedlichen Stellen unterschiedlich viel Licht durch die Kristalle. So entstehen verschiedene Farben auf dem Display und wir können damit Filme gucken, Nachrichten lesen oder sogar Fotos machen. Der Botaniker und Chemiker Friedrich Reinitzer hat die Flüssigkristalle 1888 bei einem Experiment mit dem Cholesterin von Karotten entdeckt. Das erste Display mit Flüssigkristallen, auch LCD genannt, wurde 1968 gebaut. Die ersten Digitaluhren und Taschenrechner mit LCD wurden in den 1970er Jahren damit ausgestattet. Bis das LCD-Display aber den Computer- und Fernsehmarkt eroberte, dauerte es noch weitere 30 Jahre.

Das englische Wort Display bedeutet „entfalten", „zeigen". Es bildet ab, was der Computer im Inneren anzeigen will. Auch unsere Mimik, unser Handeln, unser Reden sind wie so ein Display. Dadurch zeigen wir, was wir im Inneren, im Herzen haben. Natürlich kann man andere täuschen und so tun, als fände man sie nett, obwohl das gar nicht stimmt. Oder man engagiert sich für die Umwelt, obwohl sie einem egal ist, weil man zu einer Gruppe von Menschen gehören will, die das auch tun. Früher oder später aber entdecken unsere Gegenüber, was wir von Herzen tun, was uns wichtig ist, wofür wir brennen und was nur Fassade war.

Die entscheidende Frage ist, was in deinem Herzen steckt und dein Leben bestimmt. Menschen zu mögen ist ganz leicht, wenn sie dir sympathisch sind. Aber bei allen anderen wird es auf Dauer anstrengend, wenn du es aus eigener Kraft versuchst. Füllt aber Gott dein Herz aus, so hat das auch Auswirkungen auf dein Handeln. Gott möchte in dir wohnen. Er will mit dir das Leben teilen und dir einen guten und liebevollen Umgang mit dir selbst und anderen schenken. Der unsichtbare Gott wird dann an dir sichtbar, weil seine Liebe zu dir dein Handeln beeinflusst. Du bist sozusagen das Display Gottes, das dir und anderen zeigt, wie Gottes Liebe ein Leben verändern kann, wenn er in uns wohnen darf.

Tat-Sache

An anderen etwas ablesen, ohne dass gesprochen wird, das geht auch mit einem Pantomime-Spiel oder Montagsmaler. Könnt ihr gegenseitig die dargestellten oder gemalten Begriffe erraten?

DÖNER

Der Fleißige überlegt, was er tut, und hat Erfolg. Wer aber überstürzt handelt, verspielt alles.
Sprüche 21,5

Fund-Sache: Friede, Gebet, Stress

Ansichts-Sache

Wer den Döner erfunden hat, darum wird immer noch gestritten. Ob es nun 1969 Nevzat Salim in Reutlingen war oder 1972 der Stuttgarter Kadir Nurman, der in Berlin die erste Dönerbude eröffnete, bleibt fraglich. Das eigentliche Gericht, der Döner Iskender, wurde von Iskender Efendi 1850 in Bursa in der Türkei entwickelt. Er wollte das Restaurant seines Vaters etwas modernisieren und Abhilfe gegen die Lammspieße schaffen, die durch das Grillen auf Kohlen auf der einen Seite schon schwarz und auf der anderen noch roh waren. So kam er auf die Idee, das Fleisch senkrecht drehend an den Kohlen zu grillen. Döner Iskender ist dünn geschnittenes Lammfleisch („Kebab"), das drehend („Döner") gegrillt wird. Es wird auf zerschnittenem Fladenbrot serviert, übergossen mit pikanter Tomatensoße und heißer Butter. Dazu trinkt man Joghurt.

Den Döner in Deutschland, wie wir ihn kennen, haben türkische Gastarbeiter entwickelt. Sie beobachteten, wie die Menschen durch die Stadt hetzten und sich nicht mal Zeit zum Essen nahmen. Es blieb nur Zeit für eine Bratwurst auf die Hand. Und so kombinierten die Döner-Köche das gute Fleisch mit der Hektik der Deutschen und steckten das Fleisch ins Brot zum Mitnehmen. Der Döner gehört heute zum beliebtesten Fast Food der Deutschen, gemeinsam mit Burger, Pizza und Currywurst.

Dass Essen auf die Schnelle nicht immer gut ist, das wissen diejenigen, die sich schon einmal mit der Dönersoße die Jacke schmutzig gemacht haben. In der Eile und geht manches daneben. Vielleicht

gehörst du ja zu den Menschen, die alles gern auf den letzten Drücker erledigen: Lernen für die Klassenarbeit – reicht morgen noch! Sich um einen Praktikumsplatz kümmern – mache ich später! Manchmal kommt man damit ganz gut durch. Aber auf Dauer ist dieser Lebensstil nicht zu empfehlen. Hektik und Stress bringen nicht nur gesundheitliche Schäden mit sich, sie fördern auch die Oberflächlichkeit, mit der wir unterwegs sind. Wenn wir keine Zeit zum Nachdenken und Reflektieren haben, dann lernen wir nichts aus unseren Fehlern. Wir treffen Entscheidungen nicht mehr bewusst, sondern werden von der Eile getrieben.

Der Bibelvers aus den Sprüchen verspricht der Person, die überlegt und innehält, Erfolg. Weil Gott derjenige ist, der unser Leben lenkt, lohnt es sich, bei ihm eine Pause einzulegen. Im Gebet können wir mit ihm den Tag und das, was wir vorhaben, besprechen. Einmal bei Gott durchatmen, nach seiner Meinung fragen und Lasten bei ihm abgeben, das kann man beim Beten tun. Und so können wir aus der Stille heraus dem Tag eine andere Wendung geben. Wir werden kreativer und können den Tag effektiver und bewussten gestalten. Nicht als Getriebene, sondern als Gechillte in Gott.

Tat-Sache

Vielleicht kann dir deine Hand helfen, um bei Gott zur Ruhe zu kommen: Daumen = darauf freue ich mich, Zeigefinger = das ist mir heute besonders wichtig, Mittelfinger = das stinkt mir und darauf habe ich keine Lust, Ringfinger = diese Menschen treffe ich heute, kleiner Finger = das kommt immer zu kurz. Manchmal reichen nur wenige Minuten, um aus dem Stress des Tages bei Gott zur Ruhe zu kommen. Probier es aus!

ENERGYDRINKS

Junge Männer werden müde und matt, starke Krieger straucheln und fallen. Aber alle, die auf den Herrn hoffen, bekommen neue Kraft. Sie fliegen dahin wie Adler. Sie rennen und werden nicht matt, sie laufen und werden nicht müde.
Jesaja 40,30-31

Fund-Sache: Ausdauer, Kraft Gottes, Stärke

Ansichts-Sache

Die Nacht ist um, voller Tatendrang springst du aus dem Bett und startest energiegeladen in den neuen Tag. Nichts kann dich aufhalten! Immer drei Stufen auf einmal nehmend sprintest du zum Bus, ohne außer Atem zu kommen. In der Schule läuft alles top und du bist hochkonzentriert dabei. Zwei Stunden Fußballtraining am Nachmittag reichen dir noch nicht, darum gehst du noch eine Runde schwimmen. Die Vokabeln für den Test morgen lernst du im Vorbeigehen. So bleibt noch Zeit, um mit Freunden bis tief in die Nacht zu feiern.

So was geht nur im Film. In Wirklichkeit schlurfen wir ins Bad und sind schon auf dem Weg zum Frühstück wieder bettreif. Was gibt dir die nötige Kraft und Energie für den Tag? Die Werbung verspricht, dass Energydrinks Flügel verleihen. Aber ist das wirklich so?

Energydrinks stammen ursprünglich aus Japan, wo Piloten nach dem Zweiten Weltkrieg mit Taurin behandelt wurden, das aus Ochsengalle gewonnen wird. So sollten sie besser sehen können. Getränke mit Koffein und Taurin kamen in Asien in Mode. 1982 entdeckte der Österreicher Dietrich Maleschitz dieses Getränk in Thailand, erwarb die Rechte daran, gründete die Firma Red Bull®, veränderte die Rezeptur und wurde damit zum reichsten Mann in Österreich. Da Energydrinks durch das enthaltene Koffein den Herzschlag beschleunigen, machen sie uns tatsächlich wacher und leis-

tungsfähiger. Aber nur für kurze Zeit. Zu viele Energydrinks führen zu einer Verdickung der Herzmuskelwand, was zur Folge hat, dass im Herz weniger Platz für Blut ist, das durch den Körper gepumpt werden kann. Für Kinder und Jugendliche und für alle, die dauerhaft und zu viel davon trinken, sind Energydrinks schädlich.

Mit unseren Tagesaufgaben fühlen wir uns manchmal überfordert und alleingelassen. Das kennt auch das Volk Israel, das nach einem verlorenen Krieg in der Ferne sitzt. Sie empfinden diese Ferne auch als Gottesferne: Gott sieht uns nicht, hilft uns nicht, hat uns vergessen. Dieses Gefühl ist mir nicht unbekannt. Wenn etwas nicht so läuft, wie ich es erhoffe, bin ich frustriert, werde müde, habe keine Lust mehr aufzustehen und weiterzumachen. Jesaja erinnert die Menschen damals und uns heute: Gott wird nicht müde. Seine Kraft lässt nicht nach (vgl. Jes 40,28). Weil er auch genug Kraft für zwei hat, stattet er uns mit der Kraft aus, die wir für heute brauchen. Das ist nicht immer sofort sichtbar und spürbar. Meist entdecken wir erst im Rückblick, dass Gott an unserer Seite war.

Darum kannst du heute deine müden Hände in Gottes starke Hände legen. Er gibt dir die Kraft wie die Flügelschläge eines Adlers und die Ausdauer eines Marathonläufers. Und die ist nicht so schädlich wie die Energie aus Softdrinks.

Tat-Sache

Mixe dir deinen eigenen „Energydrink“: Notiere dir Versprechen Gottes auf kleine Zettel und fülle sie in ein Glas. Jeden Tag kannst du dir daraus eine neue Kraftquelle ziehen.

FERNBEDIENUNG

Der Hauptmann erwiderte: „Herr! Ich bin es nicht wert, dass du mein Haus betrittst! Aber sprich nur ein Wort, und mein Diener wird gesund!“
Matthäus 8,8

Fund-Sache: Bibel, Glaube, Vertrauen

Ansichts-Sache

Bequem von der Couch aus können wir per Knopfdruck unseren Filmabend im Wohnzimmer regeln: den Fernseher anschalten, das Programm wählen, die Lautstärke anpassen, vielleicht auch den Rollladen schließen und das Licht ausschalten. Nur die Chips müssen wir noch selbst holen. Möglich macht diese Bequemlichkeit eine Fernbedienung, die man zu Beginn auch Lazy Bones (englisch: Faulpelz) nannte. 1948 wurde die erste Fernbedienung in den USA entwickelt, die über ein langes Kabel mit dem Fernseher verbunden war. Fünf Jahre später erfand Eugene Polley die erste kabellose Fernbedienung. Sie richtete einen Lichtstrahl auf ein bestimmtes Feld des Fernsehers und schaltete ihn so an. Problematisch war, dass der Fernseher auch bei entsprechender Sonneneinstrahlung anging. Die Ultraschallfernbedienung, 1956 entwickelt, wurde fast 20 Jahre lang verwendet. Heute gibt es Funkfernbedienungen und auch per Smartphone kann man aus der Ferne z. B. die Waschmaschine zu Hause bedienen.

In unserer vernetzten Welt ist es für uns heute selbstverständlich, Befehle zu erteilen, ohne selbst vor Ort zu sein oder das Gerät zu sehen, das funktionieren soll. Vor 2.000 Jahren, als Jesus lebte, war dies schwer vorstellbar. Er wurde hierhin und dorthin eingeladen, sollte Kranken die Hand auflegen und körperlich anwesend sein, um etwas zu bewirken. Eigentlich logisch, denn auch heute kann niemand einen Kuchen backen, ohne selbst in der Küche zu stehen. Nur einer sah das anders. Es war ein römischer Hauptmann, der große Stücke auf Jesus hielt, aber auch wusste, dass es Jesus vom jüdischen Gesetz verboten war, das Haus eines Römers zu betreten. Der Hauptmann bat Jesus für seinen kranken Diener um ein Heilungswunder. „Persönlich kommen musst du nicht. Ein Wort von dir aus der Ferne reicht." Das war neu in einem Land ohne Fernbedienung. Aber wie der Hauptmann selbst Befehle erteilte, die dann ausgeführt wurden, ohne dass er danebenstand, so glaubte er auch an die Kraft und Vollmacht des Wortes Gottes. Und er hatte recht – der Diener wurde gesund.

Gottes Wort hat Macht! Allein durch sein Wort hat er die Welt erschaffen. Sein Wort verändert Menschen und Situationen, es wendet Gefahren ab, heilt Krankheit, schenkt Segen. Ein Wort von ihm genügt, um die ganze Welt auf den Kopf zu stellen. Gottes Wort gilt! Dafür braucht es keine schriftlichen Beweise oder Live-Reportagen vor Ort. Die Wahrheit seines Wortes ist nicht an unsere Gefühle oder Erlebnisse gebunden. Gott sagt: „Du bist mein geliebtes Kind!" Das gilt – unabhängig davon, ob du es glaubst und fühlst oder nicht. Das gilt auch für alles andere, was Gott sagt. Auf sein Wort kannst du dich hundertprozentig verlassen!

Tat-Sache

In der Bibel finden wir viele seiner Versprechen. In manchen Bibeln sind sie fett gedruckt. Wähle ein paar davon aus und überlege dir, was sich in deinem Leben ändern würde, wenn du ihnen tatsächlich Glauben schenken würdest. Und dann probiere aus, wie Gottes Wort dein Leben verändert, z. B. mit dem Versprechen: „Ich bin jeden Tag bei dir" (Mt 28,20b)!

FESTIVALBÄNDCHEN

Lobe den Herrn, meine Seele! Und vergiss nicht das Gute, das er für dich getan hat!
Psalm 103,2

Fund-Sache: Dankbarkeit, Erinnerung, Segen

Ansichts-Sache

Wenn im Sommer die Sonne viele Menschen bräunt, bleiben einige Handgelenke weiß, da sie mit Festivalbändchen behängt sind. Erinnerungen an Musikfestivals, Jugendevents oder Hotels zieren die Unterarme. Gern vergleicht man, wer schon wo gewesen ist, oder veranstaltet einen Wettbewerb, wer die Bändchen am längsten am Arm (er)tragen kann.

Wo die Festivalbändchen ihren Ursprung haben, ist nicht ganz klar. Vermutlich wurden sie das erste Mal 1974 beim Roskilde-Festival in Dänemark eingeführt. Dieses Festival auf der Insel Seeland zählt heute zu den größten Musikfestivals Europas. Es wurde 1971 von einem Musikagenten und ein paar Schülerinnen und Schülern organisiert und hatte schon beim ersten Mal 10.000 Besucher pro Tag. Der Gewinn des Festivals wird für soziale Zwecke gespendet. Vermutlich wurde das Festivalbändchen eingeführt, weil auf dem Campingplatz nebenan wesentlich mehr Menschen übernachteten als am Festival teilnahmen. Der Verdacht lag nahe, dass mit einer Eintrittskarte mehrere Personen hintereinander das Festival besuchten. Das nicht abnehmbare Festivalbändchen schuf Abhilfe. Mittlerweile dient es nicht nur zur Einlasskontrolle, sondern auch als Erinnerung an ein Ereignis, das schon längst vorbei ist.

Wenn man sich erinnert, dann erlebt man in Gedanken ein Ereignis noch einmal. Dazu gehören Bilder, Gefühle, Geräusche und Gerüche. Erinnern kann man sich bewusst, es kann aber auch durch bestimmte Auslöser wie zum Beispiel das Festivalbändchen spontan geschehen. Erinnerungen sind wichtig. Wenn wir uns erinnern, wissen wir, woher wir kommen und was uns geprägt hat. Das stärkt unsere Identität. Schöne Erinnerungen können uns glücklich machen und uns in schweren Zeiten Kraft geben.

Daran erinnert sich auch der Verfasser dieses Psalms. „Hallo Seele", sagt er, „erinnere dich doch mal daran, was du schon alles mit Gott erlebt hast: Er hat mir meine Schuld vergeben, mich von Krankheit geheilt, mich vor dem Tod bewahrt, mich mit Liebe überschüttet und mir immer wieder neue Kraft gegeben." Und dann erinnert er sich auch an das, was andere mit Gott erlebt haben: wie er das Volk Israel aus Ägypten gerettet und durch die Wüste in das Gelobte Land geführt hat. In der Bibel finden wir noch viel mehr Beispiele, wie Gott handelt. Gott hat versprochen, dass er für immer derselbe Gott ist. Wir können uns darauf verlassen, dass Gott das, was er schon einmal getan hat, auch wieder tun wird. Sich an Gottes Taten zu erinnern, hilft, in Glaubenskrisen trotzdem an Gott festzuhalten.

Tat-Sache

Die guten Erlebnisse mit Gott festzuhalten, um sich in schwierigen Zeiten zu erinnern, dazu fordert der Psalm auf. Was kann für dich eine gute Hilfe sein? Ein Heft, in das du Gebetserhörungen und gute Impulse einträgst? Ein Fototagebuch? Sprachnotizen? Briefe an dich selbst? Eine Kiste mit symbolischen Gegenständen? Ein geknüpftes Armband, dessen Farben ein Erlebnis symbolisieren? Probier es aus!

FINGERABDRUCK

Denn wir sind Gottes Werk. Aufgrund unserer Zugehörigkeit zu Christus Jesus hat er uns so geschaffen, dass wir nun das Gute tun. Gott selbst hat es im Voraus für uns bereitgestellt, damit wir unser Leben entsprechend führen können.
Epheser 2,10

Fund-Sache: Individualität, Schöpfung, Segen

Ansichts-Sache

Dein Finger ist dein Schlüssel. Mit ihm kannst du dein Smartphone entsperren. Manche Haustüren lassen sich auch mit dem Fingerabdruck öffnen, in Reisepässen ist er seit 2007 enthalten und im Personalausweis ist er seit 2021 Pflicht. Der Fingerabdruck identifiziert dich als die Person, die du bist. Es gibt niemanden doppelt! Denn dein Fingerabdruck ist einzigartig. Sogar eineiige Zwillinge haben unterschiedliche Fingerabdrücke, obwohl sie genetisch genau gleich sind. Gebildet wird der Fingerabdruck zwischen der 10. und 18. Schwangerschaftswoche durch Hautfalten, die durch Schwellungen an den Fingern und Füßen entstehen. Der Fingerabdruck bleibt ein Leben lang. Auch Verletzungen und Hauttransplantationen ändern den Fingerabdruck nur kurzfristig, der alte Fingerabdruck wächst immer wieder nach.

Assyrer, Babylonier, Perser, Chinesen und Japaner, sie alle haben schon vor langer Zeit zur Bestätigung von Verträgen ihren Fingerabdruck hinterlassen. William James Herschel machte 1858 in Indien Gebrauch von den Fingerabdrücken. Er hatte Tausende Fingerabdrücke gesammelt und festgestellt, dass sie alle unterschiedlich aussehen. Diese hat er bei der Auszahlung der Renten indischer Soldaten verwendet, da manche ihren Sold zwei- oder dreimal abholten. Als Europäer sahen sie sich für ihn zum Verwechseln ähnlich, aber mittels Fingerabdruck konnte Herschel den Betrug aufdecken. 1892 wurde in Argentinien das erste Verbrechen durch einen blutigen

Fingerabdruck am Tatort aufgeklärt. Diese Methode setzte sich erst vier Jahre später durch, als der Ermittler Vucetich mittels Fingerabdruck 23 alte Kriminalfälle an einem Tag auflösen konnte.

Dein Fingerabdruck macht dich einzigartig. Niemand weiß, warum es ihn gibt, denn er ist für unser Überleben nicht notwendig. Es scheint eher so, als wollte Gott mit dem Fingerabdruck deutlich machen: Jeder Mensch ist einzigartig – von mir voller Liebe geschaffen! Und jede und jeder wird eigene Spuren hinterlassen. Wie sehen deine Spuren aus? Was werden andere über dich sagen, wenn du nicht mehr da bist? Sind es gute Fingerabdrücke, die man vorfindet, weil du deine Mitmenschen so akzeptierst, wie Gott sie in ihrer Einzigartigkeit geschaffen hat? Weil du dich für andere einsetzt und die Liebe Gottes weitergibst? Weil du barmherzig mit anderen umgehst, wie Gott auch zu dir barmherzig ist?

Gott hat uns dazu geschaffen, Gutes zu tun. Wir sind sein Fingerabdruck hier auf der Erde. Durch uns können Menschen Gott begegnen und ihn kennenlernen. Dafür müssen wir uns nicht anstrengen, sondern einfach dem folgen, was er uns ins Herz gelegt hat.

Tat-Sache

Fingerabdrücke auf Papier können mit einem Fineliner zum Leben erweckt werden, indem daraus Figuren, Tiere oder Blumen entstehen. Probier mal, einen Bibelvers so zu gestalten.

FOTOKALENDER

Jesus drehte sich um und sah, dass sie ihm folgten. Da fragte er sie: „Was wollt ihr?“ Sie antworteten: „Rabbi“ – das heißt übersetzt „Lehrer“ –, „wo wohnst du?“ Er forderte sie auf: „Kommt und seht selbst!“ Da gingen sie mit und sahen, wo er wohnte. Sie blieben den ganzen Tag bei ihm.
Johannes 1,38-39

Fund-Sache: Jesus, Nachfolge, Wahrheit

Ansichts-Sache

Jedes Jahr kurz vor Weihnachten sind die Warteschlangen in den Drogerie-Märkten vor den Fotoautomaten besonders lang. Der Fotokalender ist ein beliebtes Weihnachtsgeschenk geworden. Damit geben wir einen Einblick in unser Leben und berichten darüber, welche Highlights wir im vergangenen Jahr erlebt haben. Fotos sind eine schöne Erinnerung und mittlerweile auch preisgünstig geworden. Innerhalb weniger Minuten kann man die Fotos vom Handy oder der Speicherkarte als Papierbild mitnehmen.

Das vermutlich älteste Foto der Welt stammt aus dem Jahr 1826 von Joseph Niépce. Der französische Erfinder entwickelte die Heliographie, die Grundlage der Fotografie. Auf eine mit Asphalt bestrichenen Zinnplatte projizierte er durch ein kleines Loch die Umgebung vor seinem Arbeitszimmer. Nach acht Stunden war der Asphalt durch das Licht ausreichend gehärtet, sodass er mit Lavendelöl und Petroleum die weicheren Asphaltstücke herauslösen konnte. Was für ein Aufwand! Seit Anfang der 2000er Jahre hat die Digitalfotografie Einzug gehalten und ist mit der Verbreitung der Smartphones fast allen möglich.

Es ist ein schöner Zeitvertreib, immer mal wieder die eigenen Fotos auf dem Smartphone durchzusehen, kleine Alben zusammenzustellen und sie anderen zu zeigen. So kann man mit ihnen teilen, was man erlebt hat. Aber nicht immer reagieren sie so begeistert wie wir, wenn wir ihnen das Foto eines gigantischen Sonnenuntergangs am Meer, die Aussicht von einem Berggipfel oder das Selfie von einer richtig lustigen Party zeigen. Ein Bild zeigt zwar recht gut die Realität, aber es ist nicht die Realität. Kein Bild der Welt kann die Betrachtenden die erfrischenden Wassertropfen des Meeres spüren lassen oder das Gefühl von Erschöpfung und Stolz, wenn man nach stundenlanger Wanderung den Berggipfel mit Panorama erreicht hat. Man muss es einfach selbst erlebt haben.

Jesus ist noch recht unbekannt, da fragen ihn zwei Männer nach seiner Wohnung. Er hätte es beschreiben, die Adresse nennen können, wie man auch ein Foto zeigt. Stattdessen lädt er sie zu sich nach Hause ein. Sie müssen sich nicht mit einem Bericht zufriedengeben, sondern dürfen ihn selbst kennenlernen. Deine Freundschaft mit Jesus kannst du nicht in der Theorie abhandeln, indem du zuhörst, was andere so mit ihm erlebt haben. Du selbst bist gefragt, Jesu Einladung zu folgen: „Komm und sieh!“ Du bist herausgefordert, nicht nur zuzuschauen, sondern selbst Erfahrungen mit Jesus zu wagen. Du kannst testen, ob die Versprechen Gottes wahr sind. Du darfst mit ihm reden und prüfen, wie er antwortet. Du darfst erleben, dass es diesen liebenden Gott wirklich gibt. Komm und sieh!

Tat-Sache

Fotografiere Gegenstände und Situationen, die darstellen, was Gott für dich bedeutet. Mit der Gruppe könnt ihr daraus eine Ausstellung über die Vielseitigkeit Gottes gestalten.

FÜLLER

Betrinkt euch nicht mit Wein, denn das macht euch zügellos. Lasst euch lieber vom Geist Gottes erfüllen.
Epheser 5,18

Fund-Sache: Heiliger Geist, Lebensinhalt, Verkündigung

Ansichts-Sache

Es ist schon richtig blöd, wenn du in der Klassenarbeit sitzt und nur noch wenige, wichtige Minuten hast, in denen du all dein Wissen zu Papier bringen kannst – und dann ist die Tintenpatrone im Füller leer! Die Arbeit war viel zu lang, du bist an einer Aufgabe hängengeblieben und jetzt drängt die Zeit. Wie im Boxenstopp bei der Formel Eins wechselst du schnell die Tintenpatrone ... Oh Mist, keine dabei! Da hilft der beste Füller nichts, wenn er nicht mit Tinte gefüllt ist.

Dieses Schreibgerät hat sich über viele Generationen und Nationen weiterentwickelt. Vor allem die Frage, wie das herauskommen kann, was man zuvor hineingefüllt hat, beschäftigte viele Erfinderinnen und Erfinder. Ägypter, Römer und Kopten schrieben mit schräg abgeschnittenen Schilfrohren und einer Tinte, die aus Ruß hergestellt war. Ab dem 2. Jahrhundert n. Chr. lösten Federkiele die Rohre ab, später wurden auch Pinsel zum Schreiben verwendet. 1636 wird erstmals von zwei ineinander geschobenen Federkielen berichtet. Der innere wurde mit Tinte gefüllt, die durch ein kleines Loch in den äußeren und so auf das Papier floss. Der Schotte Robert William Thomson stellte 1849 den Füller aus einem spitz zulaufenden Glasröhrchen mit einem Gummieinsatz her, der für ein kontrolliertes Auslaufen der Tinte sorgte. Das Röhrchen musste aber mit einer Pipette mit Tinte befüllt werden – nicht sehr praktisch. 1827 erfand der Rumäne Petrache Poenaru den ersten Füllfederhalter mit einem eingebauten Tank. Theodor Kocács entwickelte fast 100 Jahre später eine Kolbenmechanik mit Schraubgewinde zum Auffüllen des Füllers.

Und so begann die Firma Pelikan, die alle Patente aufkaufte, 1929 mit der Produktion von Füllern, die lange das universelle Schreibgerät waren. Der bislang teuerste Füller der Welt, „Fulgor Nocturnus" von Tibaldi, war aus Gold, mit 945 Diamanten und 123 Rubinen besetzt und wurde 2010 für 8 Millionen US-Dollar versteigert.

Aber auch der teuerste Füller kann nur schreiben. Ob billige Ausführung oder Edelprodukt: Es kann nur herauskommen, was auch drin ist. Das Äußere ist nur die Hülle. Bei den Menschen ist es nicht anders. Es sind nicht immer nur die Hübschen, die nett sind und sich sozial verhalten. Vielleicht hast du auch schon erlebt, dass diejenigen, die auf den ersten Blick unscheinbar wirken, Tiefgang haben und sich für andere einsetzen. Das Entscheidende ist eben nicht die Hülle, sondern der Inhalt. Die Bibel gibt uns den Tipp, uns von Gott füllen zu lassen. Denn sein Geist in uns verändert unser Verhalten. Wer gefüllt ist von Gottes Liebe, Vergebung, Frieden, Freude und Zuversicht, der kann das auch an andere weitergeben. Was füllt dich aus?

Tat-Sache

Kalligrafie ist die Kunst des Schönschreibens und wird oft mit dem Füller ausgeführt. Nimm dir ein weißes Blatt Papier, eine Bibel und einen Füller und bringe einen Bibelvers kalligrafisch zu Papier. Beispiele für schöne Schriftarten findet man im Internet zum Beispiel unter www.kallipos.de/kalligraphie-alphabete.html.

GÄNSEBLÜMCHEN

Mit ewiger Liebe habe ich dich geliebt und habe dir die Treue gehalten.
Jeremia 31,3b

Fund-Sache: Geborgenheit, Liebe Gottes, Zweifel

Ansichts-Sache

„Er liebt mich, er liebt mich nicht, er liebt mich, er liebt mich nicht ...!“ Schon oft mussten Gänseblümchen als Wahrsageobjekt herhalten und den Menschen mit Liebeskummer die Liebe der oder des anderen bestätigen. Abwechselnd rupft man dabei ein Blütenblatt aus, ein Blatt steht für die Liebe, das andere nicht. Erst das letzte Blütenblatt entscheidet über Verzweiflung oder Hoffnung des fragenden Menschen. Es gibt auch andere Sprüche, die dabei gesprochen werden, z. B.: „Er/sie liebt mich von Herzen – mit Schmerzen – über alle Maßen – kann mich nicht verlassen – ganz heimlich – ein wenig – gar nicht.“

Das Gänseblümchen hat viele weitere Namen, die sich regional unterscheiden. Am bekanntesten sind Tausendschön, Maßliebchen, Monatsröserl oder Margritli. Gänseblümchen wachsen auf vielen Wiesen und bei gutem Wetter fast das ganze Jahr. Sie enthalten ätherische Öle und Bitterstoffe, die für die Reinigung bei Hautkrankheiten, Kopfschmerzen, Husten und Schlaflosigkeit angewendet werden können. Essen kann man sie einfach so oder im Salat, getrocknet kann man sie (mit anderen Kräutern) als Tee überbrühen.

Warum das Gänseblümchen als Liebesorakel verwendet wird, ist unbekannt. Bekannt ist aber, dass wir Menschen immer wieder danach fragen und daran zweifeln, ob eine andere Person uns wirklich mag. Dafür die Blütenblätter des Gänseblümchens abzuzupfen, ist eher eine Kinderei, hinter der aber die ernste Sehnsucht nach verlässlicher Liebe steckt. Denn Liebe kann man nicht anfassen, messen, konservieren. Liebe ist so lebensnotwendig und doch kann

man sie nicht packen und festhalten. Umso schöner ist es, wenn uns jemand ewige Liebe verspricht.

Das Volk Israel hat diese Erfahrung gemacht. Obwohl es sich gegen Gott auflehnte, deshalb einen Krieg verlor und viele Menschen als Gefangene in ein anderes Land verschleppt wurden, hat Gott das Volk weiterhin geliebt. Und jetzt holt Gott die Gefangenen wieder zurück in die Heimat. Dass er sich so um sie kümmert, das haben sie sich nicht verdient. Das ist allein die Liebe Gottes, die es nicht mehr aushält, die Menschen so leiden zu sehen. Und Gott bekennt: „Ich habe dich die ganze Zeit geliebt, auch damals, als du nichts von mir wissen wolltest." Dieser Gott liebt nicht nur Israel, sondern alle seine Geschöpfe – und dazu gehörst du! Egal, was du von ihm hältst, wie du dich ihm gegenüber verhältst, ob du an ihn glaubst oder nicht: Gott liebt dich! Er ist so sehr in dich verliebt wie am ersten Tag! Er macht seine Liebe zu dir nicht von einem Gänseblümchenorakel abhängig. Sie gilt bedingungslos und immer!

Tat-Sache

Aus Gänseblümchen kann man nicht nur schöne Kränze flechten, sondern sie auch schmackhaft zubereiten. In einer Wildkräutersuppe schmecken sie genauso gut wie in einem grünen Salat oder auf einem mit Frischkäse bestrichenen Brot. Auch eine Wildkräuterpizza ist ein interessantes Geschmackserlebnis. Probier es aus!

GEODREIECK

Tauft sie im Namen des Vaters, des Sohnes und des Heiligen Geistes!
Matthäus 28,19b

Fund-Sache: Allgegenwart Gottes, Dreieinigkeit, Glaube

Ansichts-Sache

Das Geodreieck ist in fast jedem Schulranzen zu finden. Nicht unbedingt im Federmäppchen, obwohl deren Größe meist so gestaltet ist, dass ein Geodreieck darin Platz findet. Manchmal findet man das Geodreieck auch irgendwo zwischen Schulbüchern und Heften wieder. Es fliegt gut, wird als Papierschleuder und zum Piksen unliebsamer Mitschülerinnen und Mitschüler verwendet. Bei Langeweile erweitert es das Däumchendrehen, man kann Spitzerreste in Formationen schieben. Gedacht ist es aber eigentlich für etwas ganz anderes, nämlich zum Zeichnen von geometrischen Figuren.

Ein Geodreieck wurde in Ägypten schon im 3. Jahrtausend v. Chr. verwendet, um nach der Nilüberschwemmung das Land neu zu vermessen. Verwendet wird es auch zum Kartenlesen in der See- und Luftfahrt. Das Geodreieck, wie du es heute in deinem Schulranzen hast, wurde von der Hamburger Firma Dennert & Pape 1964 in Österreich entwickelt. Man kann es als einfaches Lineal verwenden. Zusätzlich ermöglicht es aber auch das Zeichnen von parallelen Geraden und das Abmessen von Winkeln. Drei Funktionen in einem Gerät.

Nicht nur das Geodreieck hat drei Seiten. In der Bibel wird auch Gott als einer vorgestellt, der dreidimensional ist: Als Schöpfer dieser Welt liebt Gott uns wie ein Vater seine Kinder. Auch und gerade dann, wenn Dinge geschehen, die wir nicht einordnen können oder die uns an der Liebe des Vaters zweifeln lassen. Als Sohn Gottes ist Gott Mensch geworden, um mit uns das menschliche Leben zu teilen. An ihm, Jesus, können wir entdecken, wie Gott ist und handelt. Als Heiliger Geist ist Gott unsichtbar in uns präsent, er schenkt uns Glauben, übersetzt unser Stammeln im Gebet und schenkt uns die Gewissheit, dass wir zu Gott gehören.

Gott ist **ein** Gott, aber nicht **einseitig**. Er ist **drei** Personen, aber doch **ein** Wesen. Wer ein Geodreieck nur als Lineal verwendet, der macht nichts falsch, aber verpasst doch so viele Verwendungsmöglichkeiten. Wer nur an Gott, den Schöpfer, glaubt, der verpasst das Vergebungsangebot, das er uns in Jesus gemacht hat. Wer nur an Jesus, den Menschensohn, glaubt, der verliert den Blick für die Wunder und Weite, die der Heilige Geist schenkt. Und wer nur an den Heiligen Geist glaubt, der vergisst die Größe Gottes, die sich in seiner Schöpfung zeigt. Darum: Entdecke die Vielfalt Gottes!

Tat-Sache

Es gibt noch viel mehr Seiten an Gott zu entdecken, die die Bibel in Bildern ausdrückt: Er ist wie ein guter Hirte, der für seine Schafe sorgt und sie bewahrt; er ist wie das Licht in dunkler Nacht; er ist wie ein König, der die Welt beherrscht; er ist wie der Stamm einer Pflanze, der die Blätter mit Energie versorgt. Welche Bilder fallen dir ein? Womit kann man die Wesenszüge Gottes noch vergleichen?

GESCHENK

Denn aus Gnade seid ihr gerettet – durch den Glauben. Das verdankt ihr nicht eurer eigenen Kraft, sondern es ist Gottes Geschenk.
Epheser 2,8

Fund-Sache: Glaube, Weihnachten, Zweifel

Ansichts-Sache

Ob Geburtstag oder Weihnachten: Fast alle Menschen freuen sich über Geschenke. Zumindest dann, wenn der Inhalt den eigenen Wünschen entspricht. Aber Geschenke können beim Schenkenden auch Stress auslösen: Was soll ich bloß schenken? Wird sie oder er sich freuen? Und wenn uns dann ein geniales Geschenk einfällt, haben wir die heimliche Sorge, dass wir selbst nicht genauso gut und reich beschenkt werden. Denn obwohl es Geschenk heißt, wäre Tausch vielleicht das richtigere Wort, vor allem, wenn man sich im Vorfeld auf eine Summe einigt, die für das Geschenk ausgegeben werden soll. 2020 gaben die Deutschen durchschnittlich 500 Euro für Weihnachtsgeschenke aus.

Ein Geschenk führt zu einem Ungleichgewicht zwischen der Person, die schenkt, und der Person, die beschenkt wird: Selbst wenn das Geschenk ohne Hintergedanken gemacht wird, ist das für das Gegenüber oft unangenehm. Nur Kinder haben noch die Eigenschaft, sich einfach so über ein Geschenk freuen zu können, ohne sich über eine Wiedergutmachung den Kopf zu zerbrechen.

Jesus hat empfohlen, dass wir glauben sollen wie die Kinder. Und das macht auch mit Blick auf Geschenke wirklich Sinn. Denn der Glaube ist ein Geschenk, das man sich nicht verdienen kann. Weder durch Brav-Sein noch durch das Einhalten der Zehn Gebote, einen sozialen Lebensstil oder hohe Geldspenden können wir uns den Glauben verdienen. Glaube entsteht nicht, wenn wir zuerst etwas leisten und beweisen, dass wir dieses Geschenk auch würdig behandeln. Glaube kann man nicht trainieren, anlesen und einüben. Glaube wird nicht durch die Eltern vererbt. Er ist allein ein Geschenk Gottes! Und das sollen und dürfen wir wie Kinder einfach so annehmen. Ohne Gegenleistung!

Weil Gott uns so sehr liebt und sich eine Beziehung zu uns wünscht, schenkt er uns den Glauben an ihn, sozusagen das Werkzeug, damit diese Beziehung auch von unserer Seite aus möglich ist. Dass unserem Glauben dennoch Taten folgen, bedeutet nicht, dass wir damit das Geschenk Gottes ausgleichen wollen. Denn nichts, was wir tun oder lassen, ist nur annähernd so wertvoll wie die Vergebung Gottes durch Jesu Tod am Kreuz! Wir leben nur deshalb nach Gottes Richtlinien, weil wir im Glauben erkannt haben, dass es so besser für uns ist. Und dieser erfüllte Lebensstil ist eine Werbetafel für Gottes Geschenk. Damit wollen wir andere dazu einladen, das Geschenk des Glaubens ebenfalls anzunehmen.

Tat-Sache

An Weihnachten beschenken wir uns (eigentlich), um an das Geschenk Gottes zu erinnern. Wie könnte ein Geschenk aussehen, das die Liebe Gottes weitergibt? Wem willst du es schenken?

GIROCARD

Herr, du hast mich erforscht und kennst mich genau.
Psalm 139,1

Fund-Sache: Allgegenwart Gottes, Liebe Gottes, Vergebung

Ansichts-Sache

Wie peinlich ist das denn, wenn man an der Kasse steht und einem beim Bezahlen das ganze Kleingeld auf den Boden fällt! Da hat man das Geld genau passend abgezählt und einen Moment später kriecht man mit hochrotem Kopf zwischen den Einkaufswagen am Boden herum, um das Geld aufzuheben. Wie gut ist es da, wenn man mit der Girocard bezahlen kann. Sie ist ein praktisches Ding. Man braucht nur eine PIN und schon kann man fast überall damit bezahlen. Kein lästiges Suchen mehr nach dem passenden Kleingeld.

Es wurde nicht immer mit Bargeld bezahlt. Von König Hammurabi (1728 – 1686 v. Chr.) wird zum ersten Mal berichtet, dass er Schecks ausstellte, mit denen man eine bestimmte Menge Getreide abholen konnte. Der Scheck entwickelte sich im Laufe der Jahrhunderte ständig weiter. Als in den 1950er Jahren das Gehalt nicht mehr bar ausgezahlt, sondern auf das Konto der Arbeitenden überwiesen wurde, musste eine Lösung her, wie man auch ohne Bargeld bezahlen konnte. Erst 1969 wurde der Eurocheque (EC) eingeführt, mit dem man im Inland und im europäischen Ausland bezahlen und Geld abheben konnte. 1984 wurde dann flächendeckend die EC-Karte aus Plastik eingeführt, die 2007 von der Girocard abgelöst wurde. In Deutschland wird sie pro Minute 7.200-mal verwendet.

Der Chip auf der Girocard kann wie ein Computer rechnen und unsere Bankgeschäfte abwickeln. Doch von alldem sehen wir nichts. Es ist einfach nur eine Plastikkarte. Legen wir mehrere Girocards nebeneinander, können wir allein vom Aussehen her nicht beurteilen, ob sich auf diesem Konto viel Geld befindet oder ob es sogar schon im Minus ist. Was die Girocard rechnet, das tut sie im Verborgenen. Nur die Besitzer der Girocard und die Bankangestellten haben Einblick in das Vorgehen auf dem Konto, niemand sonst sieht es.

Ähnlich ist es mit dem, was in deinem Inneren vorgeht: Niemand sieht, was du denkst und fühlst, was du auf dem Herzen hast, was dich quält, worauf du hoffst. Außer dein persönlicher „Bankangestellter": Gott! Er sieht alles, was du siehst! Er weiß alles, was du weißt! Er fühlt alles, was du fühlst! Und er sieht, weiß und fühlt noch viel mehr. Er ist der Schöpfer deines Lebens und darum weiß er auch so gut über dich Bescheid. Das ist nicht die absolute Kontrolle, sondern die absolute Liebe! Gott hat mehr als einmal gesagt, dass er die Menschen liebt. Und mit Jesus hat er gezeigt, was diese Liebe bedeutet. Sie bedeutet, dass Gott ein Freund aller Menschen sein will, egal, ob sie gut oder schlecht gelebt und gehandelt haben, ob sie ihm vertrauen oder nicht. Er schenkt Vergebung und einen Neuanfang. Er ermutigt dich zu neuen Schritten voller Vertrauen auf ihn. Weil Gott dich voller Liebe anschaut und kennt, ist er dein Verbündeter, dein „Bankangestellter".

Tat-Sache

Weil Gott dich so genau kennt, kannst du vor ihm auch alles aussprechen. Nimm dir Zeit für ein Gebet: Was bewegt dich? Was ist dir peinlich? Was ist dir so wichtig, dass du es nie verleihen würdest? Was willst du an dir ändern – was darf Gott an dir ändern?

HANDTASCHE

Wer seinen Mitmenschen liebt, hat das Gesetz schon erfüllt.
Römer 13,8b

Fund-Sache: Gebote, Lebensinhalt, Nächstenliebe

Ansichts-Sache

Um etwas Wichtiges zu transportieren, das wir nicht ständig in der Hand haben wollen, brauchen wir eine Tasche. Vor ca. 500 Jahren hängten Männer dafür einen kleinen Beutel an ihren Gürtel, Frauen trugen ihn an längeren Ketten oder Bändern. Bis zu Beginn des 19. Jahrhundert waren Taschen in die Unterkleider eingenäht. Erst mit den engeren Röcken ohne Platz im Unterkleid kamen die kleinen bestickten Beutelchen für die Damen in Mode. Heute gibt es eine Vielzahl an Handtaschen, die sich nicht nur in Farbe und Material unterscheiden, sondern vor allem im Stil. Seit einigen Jahren tragen auch Männer wieder Handtaschen, wie z. B. die Bauchtasche, die sie quer über der Brust tragen.

Bei aller Unterschiedlichkeit der Taschen ist entscheidend, was sich in der Tasche befindet. Das schönste Accessoire nützt nichts, wenn nichts darin ist. Eine leere Taschentuchpackung ist keine Hilfe, wenn die Nase läuft. Und wenn du den Haustürschlüssel nicht in deiner Tasche hast, ist das Mist, wenn niemand zu Hause ist. Es kommt also nicht auf die Hülle, sondern auf den Inhalt an.

Paulus betont immer wieder, dass das Entscheidende in unserer Lebenshandtasche die Liebe sein sollte. Wer anderen in Liebe begegnet, muss sich nicht mehr mühevoll erinnern, wie noch gleich die Zehn Gebote heißen. Wenn man anderen Menschen in Liebe begegnet, hat man die Gebote schon erfüllt. Wenn unser ganzes Handeln aus der Motivation der Liebe heraus geschieht, dann besteht nicht die Gefahr, dass wir arrogant, hochnäsig, egoistisch oder auch ängstlich und feige werden. Denn die Liebe gilt ja auch uns selbst gegenüber. Ist eigentlich ganz einfach. Wo ist also das Problem?

Das Problem liegt darin, dass in unserer Lebenshandtasche nicht immer Liebe ist, die wir großzügig an andere verteilen können. Wir finden uns selbst blöd, nicht liebenswert, unbegabt und glauben, der Welt nichts geben zu können. Gott sieht das anders. Sein ganzes Handeln bezeugt, dass er uns unendlich liebt. Wer sonst würde sich selbst auf die Erde begeben und Menschen wie uns seine Freundschaft anbieten, wenn er es im Himmelreich so viel bequemer hat? Wer würde sich für all unsere kleinen und großen Gedanken interessieren, wenn nicht der, der uns unendlich liebt? Wer würde sein Leben für uns geben, wenn nicht einer, der voller Liebe für uns ist? Gott liebt uns und will uns jeden Tag damit überschütten. Er will uns unsere Lebenshandtasche damit füllen, sodass wir diese Liebe an andere weitergeben können. Wir müssen sie nur öffnen und ihm hinhalten, indem wir seiner Liebe zu uns vertrauen.

Tat-Sache

Aus einem alten T-Shirt kann man ganz einfach eine Hobo-Bag machen. Mit einer Schere schneidet man den Halsausschnitt halbrund sowie beide Ärmel ab. Der untere Bund wird Richtung Hals in eine gerade Anzahl von 2 cm breite Streifen geschnitten, etwa 10 cm lang. Jeweils ein Streifen der Unter- und ein Streifen der Oberseite werden zusammengeknotet. Dies geschieht mit allen Streifen. Fertig ist die eigene Hobo-Bag! Wenn du möchtest, kannst du dir unter dem folgenden Link eine Anleitung anschauen:
www.youtube.com/watch?v=kpCLMWk0T1E.

HAUSTIER

Ich will euch trösten, wie eine Mutter ihr Kind tröstet.
Jesaja 66,13a

Fund-Sache: Allgegenwart Gottes, Vertrauen, Zugehörigkeit

Ansichts-Sache

Der „beste Freund des Menschen", treu an seiner Seite, ist das Haustier. 2019 gab es davon in Deutschland 34,4 Millionen. Vor allem Familien mit kleineren Kindern und Menschen ab 60 Jahren haben mindestens ein Haustier. Das beliebteste Haustier ist die Katze, Rang 2 belegt der Hund gefolgt von Kleintieren wie Hamster, Kaninchen, Meerschweinchen oder Mäusen. Vögel sind vor allem bei Personen ab 50 Jahren beliebt. Schlusslicht auf der Beliebtheitsskala bilden Fische, Reptilien und Amphibien.

Früher wurden Wildtiere gezähmt, um sie als Nutztiere zu halten. Aus reinem Vergnügen züchtet man Tiere seit ca. 2.000 Jahren. Der Hund wird seit ca. 17.000 Jahren, Schwein, Rind und Schaf seit ca. 10.000 Jahren und die Katze seit etwa 9.500 Jahren in Menschennähe gehalten. Haustiere übernehmen nicht nur die Funktion von Spielgefährten, sondern sie spenden auch Trost. So hat man in verschiedenen Studien festgestellt, dass Menschen mit Haustieren weniger gestresst sind. Haustieren kann man nicht so lange böse sein wie anderen Menschen, sie widersprechen nicht, sie lieben uns bedingungslos, sie sind aufrichtig und ehrlich und wir haben weniger Probleme, sie zu streicheln und Körperkontakt mit ihnen zu haben als mit Menschen. Gerade Personen, die Probleme in oder mit Beziehungen haben, lernen mit Tieren guten sozialen Umgang.

Vielleicht hast du auch manchmal das Gefühl, dass nur dein Haustier dich versteht, dir zuhört und keine blöden Fragen stellt. Nach einem stressigen und nervigen Schultag dem geliebten Haustier durchs Fell zu streicheln beruhigt dich. Das ist gut! Aber ein Haustier

hat nur in einem sehr begrenzten Rahmen die Möglichkeit, dich in deinem alltäglichen Leben zu unterstützen. Manchmal ist es allein mit Zuhören nicht getan. Du brauchst einen Rat, du brauchst Begleitung, du brauchst Vergebung.

All das kann dir Gott geben. Er versteht dich, denn er hat, als er Mensch wurde, selbst einiges durchgemacht: Ablehnung, Unverständnis, Ausgrenzung, Verfolgung, Verrat und Tod. Er kann dir Schuld vergeben und dir einen neuen Anfang ermöglichen. Durch seine Allgegenwart ist er nicht an eine Leine oder einen Stall gebunden, sondern begleitet dich in kritische Situationen und stattet dich mit Mut und den richtigen Worten aus. Er hat die Macht, Menschen und Situationen zu ändern, auch dich. Und er kann sprechen: durch die Bibel, durch andere Menschen, durch Lieder, Gebete, Träume ... Er hat viele Möglichkeiten, um mit dir in Kontakt zu treten, dich in den Arm zu nehmen und zu trösten. Gott ist kein Schoßhündchen, sondern ein ernstzunehmendes Gegenüber, das dich in Freud und Leid in deinem Leben begleiten will.

Tat-Sache

Fragen zum Nachdenken: Wenn Gott dein Haustier wäre, was für ein Tier wäre er? Welche Eigenschaften hätte dieses göttliche Haustier? Was schätzt du an Gott? Was findest du eher „borstig“ an ihm?

HOODIE

Sei für mich ein Fels, ein Versteck, eine feste Burg, in die ich mich retten kann. Ja, du bist mein Fels und meine Burg!
Psalm 71,3

Fund-Sache: Geborgenheit, Hilfe, Schutz

Ansichts-Sache

Kapuze hoch und nur für sich sein – mit einem Hoodie kann man sich von anderen abschotten, wenn man seine Ruhe haben möchte. Nicht als Schutz vor anderen, sondern vor Wind und Wetter, dafür wurde die Kapuze (englisch: hood) entwickelt. Schon in der Römerzeit gab es die sogenannte Kukulle (lateinisch: Tüte), die nicht nur den Kopf, sondern auch die Schultern und manchmal den kompletten Oberkörper bedeckte. Sie war das Kleidungsstück der Menschen, die im Freien arbeiten mussten, und auch der Mönche, die sich damit mit dem einfachen Volk auf dieselbe Ebene stellen wollten. Einer der berühmtesten Kapuzenträger aus dem Mittelalter ist Robin Hood, der den Hoodie auch in seinem Namen trägt.

In den 1930er Jahren stellte die Firma Champion in New York Hoodies für Arbeiter in Tiefkühllagern her, um sie durch die Kapuze in der Kälte zu schützen. In den 1970er Jahren entwickelte sie Hoodies für Sportler, damit diese in ihren Trainingspausen nicht zu sehr auskühlten. Praktisch durch die Kängurutasche zum Verstauen von Händen und kleineren Gegenständen. Bald prägte der Hoodie den Kleidungsstil der Afroamerikaner, für die es außer Sport und Drogenhandel wenig Aufstiegsmöglichkeiten gab. Afroamerikanische Rapper übernahmen diese Mode und tragen sie bis heute. Computernerds mochten den Hoodie, weil man ihn praktisch und bequem einfach überziehen konnte. Als Mark Zuckerberg mit Facebook an die Börse ging, trug er einen Hoodie. Damit setzte er sich von der Elterngeneration im Businesslook ab und machte den Hoodie salonfähig. Ein Hoodie ist ein Alleskönner: Er steht jedem Menschen jeden Alters und jeder Figur und kann zu jedem Anlass getragen werden.

Es tut gut, wenn man sich einfach mal zurückziehen kann und seine Ruhe hat. Aber manchmal fühlt man sich dann erst recht einsam und verlassen. Gott wird uns in der Bibel als Hoodie vorgestellt, nicht ganz wörtlich, aber im übertragenen Sinn. Er ist der Ort, an den wir uns zurückziehen können, ohne einsam zu sein. Bei ihm können wir in Ruhe über alles nachdenken. Ihm können wir erzählen, was uns beschäftigt und Sorgen macht. Und auch wenn wir keine Lust zum Reden haben, versteht er uns trotzdem. Er hört zu und er gibt Antwort. Er umarmt uns mit seiner Liebe. Er hat versprochen, unsere sichere Burg, unser Fels, unser Versteck zu sein. Bei ihm sind wir sicher vor Spott und Lästereien.

Die Kapuze hat den Vorteil, dass man weniger hört und sieht. Gleichzeitig ist dies auch ein Nachteil, denn wir bekommen dadurch weniger vom Leben um uns herum mit und stolpern vor uns hin. Gott tut beides: Er zieht uns die Kapuze auf, um Dinge in uns zu klären. Und er zieht sie uns wieder ab, damit wir befreit leben können. Gott lädt dich ein, ihn als Alltags-Hoodie anzuziehen – mal mit Kapuze auf und mal ohne.

Tat-Sache

Einfarbige Hoodies können mithilfe von Textilstiften mit Bibelversen wie Psalm 71,3 verziert werden.

INSTAGRAM

Jesus sagte: „Ich bin das Licht der Welt. Wer mir folgt, irrt nicht mehr in der Finsternis umher. Vielmehr wird er das Licht des Lebens haben."
Johannes 8,12

Fund-Sache: Anerkennung, Entscheidungen, Nachfolge

Ansichts-Sache

Schau in meine Welt! Instagram macht's möglich. Dort können Nutzer Fotos oder kurze Videos mit Filtern bearbeiten, sie mit anderen teilen, Berühmtheiten folgen oder andere auf Projekte aufmerksam machen. Kevin Systrom und Mike Krieger gründeten 2010 dieses kostenlose Format und verkauften es zwei Jahre später für eine Milliarde US-Dollar an Facebook. Instagram hat wachsenden Zulauf. Im Jahr 2020 gab es über eine Milliarde Nutzer, 21 Millionen davon leben in Deutschland. 500 Millionen nutzen Instagram täglich. Mit den Stories werden in Deutschland 18 Millionen Nutzer erreicht. 25% der Profile sind Unternehmen, ein Drittel der meistgesehenen Stories sind von diesen Unternehmen.

Digitale Herzen und Flammen, Likes, Follower und Nachrichten bestimmen, wer ganz oben steht. Unter den Top Ten sind Fußballspieler, Models, Schauspielerinnen/Schauspieler und Musikerinnen/Musiker zu finden. Und wer ganz oben bleiben will, muss täglich neue Bilder liefern, sich ins Spiel bringen, auf sich aufmerksam machen. Dass das Druck erzeugt, kann man sich gut vorstellen: bei denen, die sich täglich von ihrer besten Seite zeigen müssen und wollen, aber auch bei denen, die ihr eigenes Leben mit dem ihrer Vorbilder vergleichen und dabei eher schlecht abschneiden. Magersucht und Depressionen werden bei Jugendlichen nicht selten durch diese Vergleiche ausgelöst, weil andere ihr Leben scheinbar so perfekt gestalten oder inszenieren können.

Ein Leben voller realer Momente – das verspricht Jesus seinen Followern. Im Dunkeln der 1.000 Entscheidungen, die wir jeden Tag treffen müssen, ist er das Licht. In der Finsternis unserer Seele zündet er ein Licht an und schenkt uns Hoffnung, die auch über die Dunkelheit des Todes hinausreicht. Er bringt das ans Licht, was wir vor uns und anderen verstecken möchten, weil wir uns schämen oder schuldig fühlen. In seinem Licht können wir heil werden. Gott schaut uns ohne Filter an. So, wie wir sind, liebt er uns. Mit allen Macken und Kanten, mit Pickeln und fettigem Haar, mit Wackelschenkeln und Doppelkinn. Er stellt uns nicht bloß, sondern in das Licht seiner Liebe.

Es gibt viele Möglichkeiten, wem du in deinem Leben folgst. Es gibt tolle Menschen, die viel Sinnvolles tun und richtig Gutes bewirken. Sich von ihnen inspirieren zu lassen, ist eine gute Orientierung, wie du dein Leben gestalten kannst. Aber sie sind letztlich auch nur kleine Lichter. Sie haben mit denselben Schwierigkeiten zu kämpfen wie du. Sie suchen genau wie du nach Anerkennung und Liebe. Es gibt nur einen Influencer, der das alles in sich vereint: Jesus! Er hat wirklich Ahnung vom Leben. Er kennt unsere Schwierigkeiten. Und er folgt uns trotzdem. Überall hin. Darum #followforfollowback!

Tat-Sache

Teilt euch in kleine Teams auf. Wählt eine biblische Person (z. B. Noah, Rut, Petrus) und überlegt, wie deren Instagram-Account aussehen würde. Stellt die Fotos im Insta-Style nach oder dreht kurze Filme. Anschließend wird präsentiert und erraten, wem der fiktive Account gehört.

KARTEN-APP

Lehre mich, Herr, deinen Weg! Ich möchte nach deiner Wahrheit leben. Lass eines in meinem Herzen wichtig sein, dass ich deinem Namen mit Ehrfurcht begegne.
Psalm 86,11

Fund-Sache: Entscheidungen, Vertrauen, Zukunft

Ansichts-Sache

Mit Freunden gehst du in einer unbekannten Großstadt shoppen. Ihr bekommt Hunger, findet aber keine Imbissbude. Da hat jemand von euch die Idee, auf der Karten-App des Smartphones nachzuschauen. Nur zwei Straßen weiter findet ihr, was ihr sucht. Ein Blick von oben auf das Straßengewirr vor euch hilft, euch in der fremden Stadt zurechtzufinden. Wie gut, dass es solche Apps gibt!

Das war nicht immer so. Eines der ersten Navis für Autos wurde 1932 produziert. Dafür wurde eine Wegstrecke auf eine schmale Papierrolle übertragen. Der Antrieb der Papierrolle war mit dem Antrieb des Autos verbunden. Je schneller das Auto fuhr, desto schneller spulte die Papierrolle die Karte ab. So wussten die Autofahrer, wann sie abbiegen mussten. Das funktionierte aber nur, wenn man sich genau an die vorgegebene Route hielt. Im Zweiten Weltkrieg wurde das Navigationsgerät mit Signalen erfunden, wie wir es heute kennen. 19 Sendemasten, die auf der ganzen Welt verteilt waren, sendeten Signale an Kampfflugzeuge. Aus der Zeitverzögerung zwischen Sendung und Empfang konnten sie ihre Position bestimmen. Heute können wir mit den Navigationsgeräten nicht nur unsere Position bestimmen, sondern uns auch auf unbekannten Wegen führen lassen.

Wenn es für unser Leben auch so ein Navi geben könnte, wäre das manchmal sehr praktisch. Wir geben unsere Fragestellung ein und das Lebensnavi berechnet uns den passenden Lebensweg.

Es ist meistens nicht die Frage nach dem nächsten Schnellrestaurant, die uns beschäftigt, sondern viele andere Fragen, die für unser Leben entscheidend sind. Wir würden gern alle Folgen absehen können, um die richtige Entscheidung zu treffen: Wenn ich Bürokauffrau werde, habe ich dann später einen Job, der mich glücklich macht? Wenn ich nach der Schule ein Jahr ins Ausland gehe, ist das Zeitverschwendung oder wird es sogar gefährlich werden? Wo und was soll ich studieren? Manchmal wäre es richtig gut, wenn wir wie bei der Karten-App mit den Fingern die Karte zusammenschieben könnten, um den Überblick zu haben. Dann würde es uns leichter fallen, mutig Entscheidungen zu treffen.

Würde es das wirklich? Oder würden uns die vielen weiteren Kreuzungen, die Berge und Täler, die Stoppschilder und Umleitungen, die wir dann entdecken, nicht noch mehr verunsichern? Der Autor von Psalm 86 hat eine bessere Idee: Er vertraut sich Gott an. Dem Gott, der sein Leben überblickt und ihn voller Liebe navigieren will. Er selbst kümmert sich nur um seine Beziehung zu Gott. Was morgen sein wird, legt er vertrauensvoll in Gottes Hand. Gott, der unser Leben gestern, heute und morgen kennt, ist verlässlicher als jedes Navi. Vertraue dich ihm an!

Tat-Sache

Mit Straßenkreide werden Schlangenlinien in verschiedenen Farben durcheinander auf den Boden gemalt. Pro Farbe tritt ein Team an. Einer Person werden die Augen verbunden, die andere Person gibt durch Zuruf Anweisungen, damit die/der „Blinde" der Linie folgen kann. Anschließend werden die Rollen getauscht und in einem Gespräch die Erfahrungen ausgewertet. Welche Parallelen gibt es zu eurem Leben?

KOPFHÖRER

Liebt einander von Herzen als Brüder und Schwestern. Übertrefft euch gegenseitig an Wertschätzung.
Römer 12,10

Fund-Sache: Gemeinschaft, Individualität, Nächstenliebe

Ansichts-Sache

Wer schon einmal eine Silent Disco besucht hat, ohne selbst Kopfhörer zu tragen, hat sich sicherlich über die ungleichmäßig tanzende Menge amüsiert, die gleichzeitig verschiedene Texte grölt. Mit einem Schalter am Kopfhörer kann man zwischen verschiedenen Musikkanälen und damit zwischen verschiedenen Musikstilen wählen. Eigentlich keine schlechte Idee, denn so können erstmals Schlagerfans und Hip-Hopper gemeinsam tanzen, wenn auch nicht so gut miteinander.

Der Kopfhörer macht es möglich. 2020 besaßen 71% aller Deutschen ab 16 Jahren mindestens ein Paar Kopfhörer. Durch das Homeschooling während der Corona-Lockdowns sind es wahrscheinlich noch deutlich mehr geworden. Kopfhörer mit Kabel (46%) werden immer mehr von True Wireless (24%) abgelöst. Wer den Kopfhörer erfunden hat, ist nicht geklärt. Mit der Erfindung von Telefon und Radio im 19. Jahrhundert ging auch die Entwicklung der Lautsprecher und damit der Kopfhörer einher. Heute sind sie aus unserem Leben kaum noch wegzudenken. Und sie sind ja auch sehr praktisch: Jede und jeder kann hören, was sie/er will. Ohne die anderen mit lauter Musik zu stören.

Kopfhörer sind Friedensstifter, denn sie machen es möglich, dass Verschiedenes nebeneinander existieren darf. Stell dir vor, morgens im Schulbus hören alle das laut, was sie sonst mit Kopfhörern hören. Das wäre sicherlich ein spannendes Durcheinander. Und sicher gäbe es für das eine oder andere auch laute Pfiffe und Buh-Rufe.

Aber so verschieden die Menschen sind, so verschieden sind auch die Geschmäcker. Es gibt eben nicht nur die **eine** gute Musikrichtung, den **einen** lustigen Podcast, das **eine** spannende Hörbuch.

Gott stellt sich unser Miteinander wertschätzend vor und hat darum lauter unterschiedliche Menschen mit eigenem Geschmack, eigenem Stil, eigenen Besonderheiten geschaffen. Alle sind gleich wertvoll und liebenswert. In Römer 12,10 werden wir dazu aufgefordert, uns gegenseitig zu achten und sogar zu ehren. Das kann so aussehen, dass wir nicht die Nase über andere rümpfen, sondern nachfragen, warum sie diese Musik oder jene Meinung gut finden. Dass wir die Handys tauschen und die Musik der anderen hören. Dass wir den Kanal in der Silent Disco umschalten, um herauszufinden, warum die anderen so „komisch" tanzen. Dass wir die anderen kennenlernen, sie zu Hause besuchen, uns mit ihnen unterhalten, sie und ihre Meinung respektieren. Jesus hat vorgemacht, wie das geht. Er ist mit den Menschen mitgegangen und hat sie zu Hause besucht. Wir als seine Nachfolger sollten seinem Beispiel folgen.

Tat-Sache

Veranstaltet in eurem Ort oder bei euch zu Hause eine Silent Disco. Dazu ist nicht unbedingt teures Equipment nötig. Es kann auch jede und jeder sein eigenes Handy mit einer Playlist plus Kopfhörer mitbringen. Licht aus – Musik an. Interessant ist es, nach einiger Zeit die Handys zu tauschen, um zu hören, was andere gut finden, und darüber ins Gespräch zu kommen.

KOPFSCHMERZTABLETTEN

Aber ihr sollt euch aufrichten und euren Kopf heben, wenn das alles beginnt: Eure Erlösung kommt bald!
Lukas 21,28

Fund-Sache: Ewigkeit, Reich Gottes, Schöpfung

Ansichts-Sache

Den kleinen Zeh am Tischbein angestoßen, mit einem kaputten Zahn auf ein Gummibärchen gebissen oder mit dem Kopf gegen die Schranktür gelaufen – das tut weh! Schlimmer ist es, wenn man sich den Arm gebrochen hat oder mit dem Messer nicht das Gemüse, sondern die Finger erwischt. Und dann sind da noch diese Kopfschmerzen! Sie sind das am häufigsten vorkommende Gesundheitsleiden der Deutschen. 2017 litten 75% der 18- bis 29-Jährigen mindestens einmal im Monat unter Kopfschmerzen. 85% der Schmerzpatienten greifen zu Kopfschmerztabletten, am liebsten zu Ibuprofen. Eine Tablette zu nehmen ist immer selbstverständlicher geworden. 2008 nahmen nur 3,7 Millionen Menschen einmal wöchentlich eine Kopfschmerztablette, zehn Jahre später sind es schon 22,78 Millionen Menschen! Dabei gibt es noch andere Hilfen gegen Kopfschmerzen, z. B. Bewegung an der frischen Luft, eine Tasse Kaffee mit einem Spritzer Zitrone, gesunde Ernährung, Magnesium, Entspannungsübungen, Pfefferminzöl.

Als Ursache für Kopfschmerzen werden neben Kopfverletzungen, Sehstörungen oder Infekten vor allem Stress und Verspannungen genannt. Zu viel Zeit vor einem Bildschirm, zu wenig frische Luft, zu wenig Schlaf, zu wenig Flüssigkeit oder ständiger Lärm können Kopfschmerzen auslösen, aber auch Situationen, die uns psychisch belasten. Nicht ohne Grund gibt es die Redewendung, dass wir uns den Kopf zerbrechen. Und da gibt es genug Situationen, die uns Kopfschmerzen bereiten können: Stress in der Schule, Streit mit Freunden und globale Themen wie die Erderwärmung, Naturka-

tastrophen, der zunehmende Hunger auf der Welt, die Situation in den Flüchtlingslagern, eine Pandemie ... Die Frage, wie die Welt sich entwickeln wird, kann uns Angst machen. Wir stellen fest, dass wir die Welt nicht im Griff haben, schon gar nicht wir kleinen, einzelnen Menschen. Was macht es schon für einen Unterschied, wenn ich auf Plastik verzichte, mit dem Fahrrad fahre, kein Fleisch mehr esse? Trotz aller Bemühungen droht die Welt von einer Katastrophe in die nächste zu trudeln. Eine Kopfschmerztablette hilft da nicht weiter.

„Lasst den Kopf nicht hängen!“, sagt Jesus. „Schaut nach oben! Von dort kommt die Rettung!“ In all dem Chaos, von dem die Nachrichten jeden Tag berichten, hat einer alles in der Hand: Gott selbst! Er durchbricht die Spirale aus Leid, Unrecht und Gewalt. Nicht jetzt, aber bald! Er wird wiederkommen und alles Kaputte heilen und sein Reich des Friedens und der Gerechtigkeit aufbauen. Hin und wieder bekommen wir jetzt schon einen Vorgeschmack auf den Frieden, den Gott verbreiten wird. Darum können wir bei allem, was uns Kopfzerbrechen bereitet, auf den hoffen, der für das „Happy End“ dieser Welt zuständig ist.

Tat-Sache

Ein Kopfschmerzöl kann man leicht selbst herstellen: 10 ml Jojobaöl und 20 Tropfen Pfefferminzöl in ein kleines Fläschchen füllen und gut schütteln. Mit dem Finger kann bei Kopfschmerzen etwas Öl auf die Stirn, die Schläfen oder den Nacken aufgetragen werden. Schon nach kurzer Zeit spürst du eine entspannende Kühle.

KRÜCKEN

Vertraue dem Herrn von ganzem Herzen! Verlass dich nicht auf deinen eigenen Verstand! Erkenne seinen Willen auf allen deinen Wegen, so wird er dir den Weg bahnen.
Sprüche 3,5-6

Fund-Sache: Glaube, Kraft Gottes, Vertrauen

Ansichts-Sache

Ein gebrochener Fuß ist nicht nur schmerzhaft, sondern auch sehr unpraktisch. Ist der Bruch schon etwas geheilt, darf man mit einem Fußentlastungsschuh herumlaufen. Aber solange man einen Gips trägt, braucht man Krücken, um sich fortzubewegen. Damit kann man keine Tasche tragen, nicht mit einem Eis in der Hand durch die Fußgängerzone bummeln, keine Tür öffnen und nicht zum Bus rennen, wenn es mal wieder knapp ist. Man ist auf die Hilfe anderer angewiesen. Das kann ganz schön nerven.

Krücken, die heute Unterarmgehstützen heißen, gibt es schon sehr lang. Früher waren es dickere Äste mit einer Astgabel, die man sich unter die Achselhöhle legte. 1916 erhielt Émile Schlick aus Frankreich ein Patent auf die von ihm entworfenen Unterarmgehstützen, die in Europa hauptsächlich verwendet werden. Außerhalb Europas dienen bei langfristiger Gehbehinderung Achselkrücken als Stütze, Unterarmgehstützen nur bei kürzerer Krankheitszeit.

Krücken haben nicht nur den Nachteil, dass man die Hände nicht mehr frei hat. Sie bringen auch noch andere Probleme mit sich. So werden durch die Achselkrücken die Nervenbahnen, die in den Achselhöhlen verlaufen, abgedrückt. Bei den Unterarmgehstützen kommt es nicht selten zu Problemen mit den Handgelenken. Krücken sind eben nur Krücken und nicht für immer gedacht.

Auch im übertragenen Sinn haben wir Krücken, die uns helfen, Zusammenhänge im Leben zu begreifen und einzuordnen. Aber auch da kommt es zu negativen Nebenwirkungen. Wir stecken Menschen in Schubladen und meinen, schon zu wissen, wie eine Begegnung mit ihnen ausgehen wird. Wir planen unser Leben und glauben, dabei alles im Griff zu haben. Aber es sind letztlich nur Krücken. Wird jemand krank, gibt es Streit oder passiert etwas Unvorhergesehenes, rutschen unsere Krücken weg. Auf was stützt du dein Leben?

Ein Vater gibt seinem Sohn diesen Bibelvers als Rat mit auf den Weg: „Stütze dich nicht auf dich selbst, sondern auf Gott." Er schlägt Gott als „Krücke" vor. Gott kennt dich durch und durch. Er weiß, wer du bist, was dich ausmacht, was dir Schwierigkeiten bereitet, was du dir wünschst. Er ist der Schöpfer des Universums und damit Anfang und Ende der Welt. Es gibt nichts, was außerhalb von ihm ist. Darum: Wer Verstand hat, der sollte nicht versuchen, alles selbst im Griff zu haben, sondern sein Vertrauen ganz auf Gott setzen. Diese Krücke knickt nie ein, auch dann nicht, wenn es dir den Boden unter den Füßen wegzieht!

Tat-Sache

Bei einem Krückenlauf kannst du ausprobieren, was du damit gut machen kannst und was gar nicht geht. Übertragen auf dein Leben: Auf welche Tatsachen und Wahrscheinlichkeiten stützt du dich (Beziehungen, Fähigkeiten, Eigenschaften, Materielles ...)? Was davon hat dein Leben lang Bestand und was ist nur eine „Krücke", weil es dir bei Schicksalsschlägen wegrutschen würde? Welchen Halt kann dir dagegen Gott geben?

KÜHLSCHRANK

Wenn du gegessen hast und satt bist, sollst du den Herrn, deinen Gott, loben für das gute Land, das er dir gegeben hat.
5. Mose 8,10 (Lu)

Fund-Sache: Dankbarkeit, Geschenk, Versorgung

Ansichts-Sache

Ein Kühlschrank steht in fast jedem Haushalt. Mit seinem Inhalt stillt er ein wichtiges Grundbedürfnis der Menschen: Hunger. Er wird häufig bei Langeweile geöffnet und auf den Inhalt überprüft und ist damit Grundlage für viele Diätwitze. Im Sommer geben seine gekühlten Getränke eine heiß ersehnte Erfrischung. An Festtagen ist er gefüllt mit Torten und Fleisch.

Ein Kühlschrank ist notwendig, weil die Kühlung die Prozesse verlangsamt, die dazu führen, dass Lebensmittel und andere verderbliche Stoffe schlecht oder unbrauchbar werden. Ohne ihn wäre die längere Lagerung von Lebensmitteln gesundheitsschädlich. Das wussten schon die Menschen in der Antike, die im Gebirge Eisklötze abschlugen und in tiefen Kellern Lebensmittel damit kühlten. Der Haushaltskühlschrank, den es seit den 1920er Jahren gab, setzte sich in Deutschland erst später durch. Bis 1950 wurden hier Holzschränke mit Eis gekühlt. Es wurde mit verschiedenen Chemikalien experimentiert. Den Kühlschrank, wie er heute in deiner Küche steht, gibt es erst seit dem Jahr 2000.

Aber nicht überall auf der Welt gibt es Leben im Überfluss. 2019 litten 690 Millionen Menschen an Hunger. Ausgelöst durch Naturkatastrophen, den Klimawandel, Kriege und Vertreibung, Misswirtschaft und schwankende Lebensmittelpreise hat jeder 11. Mensch chronisch Hunger. Gleichzeitig wird weltweit ein Drittel bis die Hälfte aller Lebensmittel weggeworfen. In Deutschland sind das pro Person zwei Einkaufswagen im Jahr. Dass wir hier in Europa leben dürfen, wo wir so gut versorgt sind, ist ein unverdientes Glück. Man könnte sich darauf ausruhen und sich selbstgefällig den dicken Bauch kraulen.

Das Volk Israel hat 40 Jahre in der Wüste gelebt und dabei erlebt, dass Gott es immer wieder versorgt hat. Er schenkte Brot und Fleisch, öffnete Wasserquellen, sorgte sich um ihre Kleidung und schützte ihre Füße. Sie waren ganz von ihm abhängig. Nun stehen sie kurz davor, in einem fruchtbaren Land sesshaft zu werden. „Vergesst Gott nicht, wenn ihr euch sattgegessen habt", warnt Mose seine Landsleute. Denn das ist die Gefahr: Wir ruhen uns auf unserem Wohlstand aus, den wir nur bedingt selbst verdient haben. Wir vergessen Gott, weil wir uns selbst helfen können. Das ist gefährlich! Denn es gibt immer noch einen, der über jeder Marktwirtschaft steht: Gott. Er lässt es wachsen und gedeihen. Er sorgt sich um uns, will unser Bestes. Wir brauchen ihn, auch dann, wenn der Kühlschrank gefüllt ist.

Tat-Sache

Hier auf Essen zu verzichten, macht keinen Menschen in Afrika satt. Aber die Geschenke Gottes wahrzunehmen und bewusst damit umzugehen, kann ein kleines Stück die Welt verändern. Und es kann nicht zuletzt dir selbst ein dankbares Herz geben. Ein Kuchenverkauf in der Schule, Gemeinde oder Nachbarschaft macht auf das weltweite Problem aufmerksam und der Erlös des Verkaufs kann tatsächlich Menschen satt machen, wenn er an entsprechende Projekte gespendet wird.

LADEKABEL

Hilfe für mich, die kommt vom Herrn! Er hat Himmel und Erde gemacht.
Psalm 121,2

Fund-Sache: Gebet, Stärke, Vertrauen

Ansichts-Sache

Es ist schon nervig, dass der Akku des Smartphones immer leer ist, wenn wir es wirklich dringend brauchen! Blöd ist es, wenn man dann keine Steckdose findet, und noch blöder, wenn man das falsche Kabel mitgenommen hat. Dabei wäre es doch so einfach, wenn alle Ladekabel dieselben Stecker hätten. USB Typ-A, USB Typ-B, Mini-USB, Micro-USB, USB Typ-C ... Es gibt so viele Anschlüsse und so viele Möglichkeiten, wie wir unserem Gerät die nötige Energie zuführen können, wenn denn der Stecker passt.

Wie das Smartphone seine notwendige Energie nicht aus sich selbst heraus gewinnen kann, so brauchen auch wir Menschen eine Kraftquelle für den Alltag, die uns motiviert, auch morgen wieder aufzustehen. Dafür haben Menschen verschiedene Möglichkeiten gefunden: positive Gedanken oder Meditation, um zur Ruhe und zur Kraftquelle zu kommen; Kaffee oder Energydrinks als Energiequelle für den Tag; ein 10-km-Lauf am Abend, um die Gedanken des Tages zu sortieren. Eins nach dem anderen, Augen zu und durch, den Kopf nicht hängen lassen, Ohren steif halten ... Es gibt viele Redewendungen, mit denen wir uns gegenseitig Motivation und Kraft für das Leben wünschen. Aber was gibt wirklich und langfristig Kraft, wenn alle anderen Möglichkeiten versagen?

Das Leben vor ein paar Tausend Jahren war auf Reisen gefährlich. Diebe, die stechende Sonne oder der Vollmond, von dem man glaubte, dass er Krankheiten bringt, waren ständige Bedrohungen. Ein Pilger, der im Jerusalemer Tempel Gott begegnet war, macht

sich auf den Heimweg. Seine Sorge gilt der Frage, woher er die Kraft und Hilfe bekommt, die Gefahren auf dem Weg durchzustehen. Er ist sich sicher: von dem Gott, der die Welt erschaffen hat. Er vertraut auf den, bei dem er gerade seinen Lebens-Akku aufgeladen hat.

Gott als Schöpfer der Welt ist Herr über alles und es gibt nichts, was stärker ist als er. Wer an ihn glaubt, wird erleben, dass die Kraft dieses unbesiegbaren Gottes durch sein Leben fließt. Der mächtige Gott hilft uns, mit den alltäglichen Herausforderungen fertigzuwerden. Doch dafür ist es notwendig, sich mit Gott zu verbinden. Ob das durch Bibellesen, Gebet, Lobpreis, Tanz, Spaziergang, Gespräch oder Kreativität geschieht, spielt dabei keine Rolle. Wichtig ist nur, dass dein Lebens-Stecker bei Gott eingesteckt ist. Dann kann die Hilfe fließen.

Tat-Sache

Probiert gemeinsam verschiedene Möglichkeiten aus, mit Gott in Verbindung zu treten: Macht einen Schweigespaziergang, malt ein (abstraktes) Bild, das eure Gedanken ausdrückt, erfindet einen Tanz zu einem Lobpreislied, schreibt ein Gedicht ... Anschließend kommt darüber ins Gespräch, welche Möglichkeit jeder und jedem am meisten liegt und überlegt, wie sie im Alltag integriert werden kann. Vielleicht entsteht so eine neue Tanzgruppe oder ein Mal- und Schreibklub?

LAUTSPRECHERBOX

Wir können doch nicht verschweigen, was wir gesehen und gehört haben.
Apostelgeschichte 4,20

Fund-Sache: Bekenntnis, Lebensinhalt, Verkündigung

Ansichts-Sache

Stell dir vor, du hörst gerade ein cooles Lied auf deinem Smartphone und würdest gern deine Freundinnen und Freunde mithören lassen. Geht aber nicht, da du nur einen Kopfhörer hast. Einer Person einen Ohrhörer abzugeben, ist kein Problem, auch wenn der Sound dann nicht mehr so gut ist und es schwierig wird, sich zur Musik zu bewegen, ohne dabei der oder dem anderen das Kabel ständig aus dem Ohr zu ziehen. Wie praktisch ist es doch, dass es dafür Lautsprecherboxen gibt. Das Smartphone einfach mit der Box verbinden und schon können alle die Musik hören.

Der Brite Sir Oliver Lodge stellte 1925 den ersten elektrodynamisch angetriebenen Lautsprecher bei der Berliner Funkausstellung vor und gilt damit als Begründer des modernen Lautsprechers. Es gibt heute verschiedene Arten, Töne zu übertragen. Am weitesten verbreitet ist der Tauchspulenlautsprecher, bei dem eine Spule in ein Magnetfeld „eintaucht" (schwingt) und diese Schwingung an eine Membran weitergibt. So wird der Ton für alle hörbar. Würde die Spule die Schwingung nicht weitergeben, könnte niemand die schöne Musik hören.

Den Glauben an Gott kann man sich vorstellen wie diese Spule im Magnetfeld: Menschen begeben sich in den Einflussbereich Gottes, in eine Gemeinschaft mit ihm, und lassen sich von ihm bewegen. Und wenn Gott Menschen bewegt, dann findet manches eine neue Ordnung: Unrecht wird ausgeräumt und Schuld vergeben, die Liebe für die Nächsten gilt als oberstes Gebot und nicht der eigene Vorteil, die Perspektive auf ein ewiges Leben kommt neu dazu. Das allein ist schon ziemlich gut, aber es ist noch nicht alles. Genauso wie die Spule im Magnetfeld ihre Aufgabe verfehlt, wenn sie nur fröhlich vor sich hin tanzt, ohne die Bewegung an die Membran abzugeben, so drehen sich Christinnen und Christen nur im Kreis, wenn sie die gute Botschaft von Gottes Liebe für alle Menschen nicht an andere weitersagen.

Begeistert von dem zu erzählen, was dich selbst begeistert, das kommt ganz von allein. Gott setzt dein Leben in Bewegung und von dieser Bewegung darfst du anderen erzählen. Der Glaube an Gott wird dadurch realer, erfüllter und praktischer, weil du das unsichtbar Erlebte in Worte und Taten fassen musst. So stellst du auch selbst fest, ob Gott wirklich ein Gott ist, auf den es sich zu hoffen lohnt. Dabei musst du dir nichts ausdenken, was du erzählen und zeigen könntest. Du bist nur der Lautsprecher, der weitergibt, was die Quelle sendet. Berichte einfach von dem, was dir Gott in deinem Leben bedeutet. Sei eine Lautsprecherbox Gottes!

Tat-Sache

In der Theorie klingt das ganz einfach, aber in der Umsetzung tun wir uns oft schwer, von dem zu erzählen, was wir mit Gott erlebt haben. Such dir eine Freundin oder einen Freund, tauscht euch bei regelmäßigen Treffen über das aus, was ihr mit Gott erlebt. Das schärft eure Aufmerksamkeit und hilft euch, euren Glauben in Worte zu fassen.

LOLLI

Seht, ich schaffe einen neuen Himmel und eine neue Erde. Dann denkt niemand mehr an das, was früher war. Es ist für immer vergessen.
Jesaja 65,17

Fund-Sache: Ewigkeit, Friede, Zukunft

Ansichts-Sache

Weil Kinder klebrige Hände und Gesichter von den zu großen und unhandlichen Süßigkeiten bekamen, erfand Enric Bernat 1958 in Spanien den Lolli. Er kaufte eine schlecht laufende Marmeladenfabrik und fertigte dort kleine Kugeln aus Zucker an, die er auf Metallgabeln, später auf Holzstiele steckte. Er sorgte dafür, dass seine Lollis mit dem Namen Chupa Chups (deutsch: Lutscher lutschen) im Kassenbereich in Reichweite von Kinderhänden aufgestellt wurden. Und schon nach fünf Jahren wurde der Lolli in 300.000 Geschäften verkauft. Der erste Werbespot hieß: „Er ist rund und langanhaltend." Ein Hinweis auf die Ewigkeit?

Niemand weiß, was uns erwartet, wenn wir sterben. Denn es ist niemand zurückgekommen. Außer Jesus. Und darum gibt es die begründete Hoffnung, dass wir nach diesem Leben ewig bei Gott sein werden. Im Jesajabuch in der Bibel dürfen wir einen Blick in die Welt werfen, die uns da erwartet. Und was dort beschrieben ist, klingt einfach nur schön. So richtig kann ich mir das gar nicht vorstellen. Denn ich lebe gern hier, genieße Freunde und Familie, die Landschaft, die Jahreszeiten, interessante Reisen, gutes Essen und vieles mehr. Ich will diese Erde nicht verlassen, ich will nicht von all dem Schönen Abschied nehmen. Aber der Blick in die neue Welt verrät uns, dass es dort noch viel schöner sein wird. So mega schön, dass wir diese Erde nicht vermissen und schon gar nicht mehr dran denken müssen.

Es ist vielleicht so wie bei einem Kind: Es hat einen großen Lolli bekommen, den es einfach lecker findet. Voller Genuss leckt es immer wieder daran herum. Einmal ist er in den Dreck gefallen, aber das macht ihm nichts. Es wischt den Dreck so gut wie möglich ab und lutscht weiter. An einer Stelle ist er schon abgebrochen und das Kind hat sich mit der Zunge an der scharfen Kante geschnitten, aber auch das kann seine Lolli-Freude nicht trüben. Eines Tages machen die Eltern mit ihm einen Ausflug zum Schlaraffenland. Vor einem großen Eingangstor müssen sie ihre Taschen und alles, was sie in den Händen halten, abgeben. Das Kind weiß nicht, was es auf der anderen Seite erwarten wird. Es schreit und schimpft und heiße Tränen kullern seine Wangen hinunter, als man ihm den Lolli wegnimmt. Aber kaum ist es durch das Tor gegangen, bekommt es den Mund vor lauter Staunen nicht mehr zu.

Eines Tages muss jede und jeder von uns durch das Tor gehen, das Tod heißt. Und wir geben nicht nur den Löffel, sondern auch unseren Lolli ab. Was uns erwartet, ist unglaublicher Friede! Alles, was zerbrochen war, wird geheilt. Deine Seele kommt zur Ruhe bei Gott, dessen unendliche Liebe du greifbar erleben wirst. Das muss der Himmel sein!

Tat-Sache

Lollis kann man leicht selbst herstellen: 280 g Zucker mit 6 EL Fruchtsaft und 1 EL Zitronensaft unter Rühren erwärmen, bis die Masse kocht. Noch etwas Zitronensaft dazugeben und kurz aufkochen. Auf ein mit Backpapier belegtes Blech legt man im Abstand von ca. 5 cm Holzstäbchen und gibt an das Ende jeden Stäbchens einen Esslöffel der Zuckermasse. Nach ca. 30 Minuten kann man die Lollis abziehen und genießen oder im Kühlschrank lagern.

MÜLLEIMER

Und zu Jesus sagte [der Verbrecher]: „Jesus, denke an mich, wenn du in dein Reich kommst." Jesus antwortete: „Amen, das sage ich dir: Heute noch wirst du mit mir im Paradies sein!"
Lukas 23,42-43

Fund-Sache: Liebe Gottes, Sünde, Vergebung

Ansichts-Sache

Ein Mülleimer ist eine praktische Erfindung: Was man nicht mehr braucht, kommt dort hinein. Bis die Müllabfuhr kommt, hat man noch ein paar Tage Zeit, um festzustellen, ob man das, was man aussortiert hat, wirklich nicht mehr benötigt. Immer mal wieder sieht man Menschen in der Altpapiertonne wühlen, weil ein Zettel, der unwichtig erschien, plötzlich doch noch eine wichtige Information liefert. In Deutschland hat 2018 jede Person durchschnittlich 615 Kilogramm Müll pro Jahr produziert, davon 220 Kilogramm Verpackungsmüll. Das meiste davon wird verbrannt, 15% machen sie auf die Reise um die Welt auf der Suche nach einem Deponieplatz – schlimmstenfalls einfach irgendwo im Meer.

Den Ursprung des Wortes Müll bilden verschiedene Wörter, die sich auf den Staub beziehen, der beim Zerreiben oder Zermahlen von etwas entsteht. Wenn Menschen aufeinandertreffen, dann gibt es auch Reibungspunkte, Missverständnisse, Verletzungen oder kurz gesagt: Müll. Sobald wir das Bett am Morgen verlassen, beeinflussen wir unsere Welt und hinterlassen dabei Spuren. Hoffentlich sind es meistens Spuren, über die sich andere freuen. Leider ist es aber auch genauso oft Müll, der entsteht, wenn wir andere kritisieren, unsere Unzufriedenheit an ihnen auslassen, andere und uns selbst missachten, ungerecht behandeln, uns über sie und letztlich über Gott erheben. Die Bibel verwendet für diese Art Müll das Wort Sünde. Sünde bedeutet nichts anderes als die Trennung von Gott. Wir haben uns mit unserem Lebensstil von ihm entfernt. Gott ist gut, heilig, gerecht – wir eher nicht so. Das passt nicht zusammen. Weil Gott sich aber Gemeinschaft mit uns wünscht, hatte er die Idee, in Jesus auf die Welt zu kommen und diese Trennung zu beenden.

Als Jesus unschuldig am Kreuz hing, war da neben ihm ein Verbrecher. Er wusste, dass er zu Recht bestraft wurde. Sein Handeln war nicht in Ordnung. Er hatte deutlich den Unterschied zwischen sich und Jesus bemerkt. Und er hatte keine Chance mehr, etwas in seinem Leben zu ändern. Er hing fest. Es blieb ihm nur noch eine Möglichkeit, da wieder rauszukommen: „Denke an mich!" Das war für Jesus genug. Keine Wiedergutmachungsversuche, keine frommen Werke, keine Versprechen. Es reicht die Erkenntnis, dass wir Fehler machen und dass Jesus sie uns vergeben kann. Dort am Kreuz hat er, der Schuldlose, unsere Schuld auf sich genommen. So wird unser Lebensmüll für immer entsorgt.

Tat-Sache

Nicht nur beim echten Müll gibt es Mülltrennung. Auch beim Lebensmüll unterscheiden wir: den Kleinigkeiten-Mülleimer für nicht wirklich schlimme Vergehen; den Aus-Versehen-Mülleimer für alles, was keine Absicht war; den Die-anderen-sind-noch-viel-schlimmer-Mülleimer; den Nur-einmal-Mülleimer für seltene Fehltritte; den kultivierten Mülleimer für Kavaliersdelikte; den Der-andere-hat-angefangen-Mülleimer ... Wie gehst du mit deiner Schuld um? In welchen Mülleimer steckst du Fehler, um dich selbst freizusprechen?

NOTRUFNUMMER

Und wenn du in Not bist, rufe nach mir! Dann rette ich dich, und du wirst mich ehren.
Psalm 50,15

Fund-Sache: Freundschaft, Hilfe, Kraft Gottes

Ansichts-Sache

Es ist schnell passiert. Einmal nicht richtig aufgepasst, schon ist man beim Joggen über eine Wurzel gestolpert und kann nicht mehr weiterlaufen. Oder das Moped ist nicht so gefahren, wie du das wolltest, und du hast Bekanntschaft mit einem Auto gemacht. Da ist es gut, wenn man ein Smartphone dabeihat. So kann man jemanden anrufen und um Hilfe bitten.

Smartphones haben seit einigen Jahren eine SOS-Funktion. Je nach Gerät kann diese Funktion durch fünfmaliges Drücken der An-/Austaste oder der Sperrtaste betätigt werden. Auf dem Sperrbildschirm findet man ein Ziffernblatt, das andere für Notrufe nutzen können, weil sie deine PIN nicht wissen. Die Nummer 112 für medizinische Notfälle gilt dafür nicht nur in Deutschland, sondern sogar europaweit. Eine Apple-Watch dagegen wählt nach einem Sturz selbstständig den Notruf, wenn sie einige Zeit nicht bewegt wird. In der SOS-Funktion des Smartphones kann man seine Gesundheitsdaten hinterlegen, um Rettungssanitätern die Arbeit zu erleichtern. Außerdem kann man Notfallkontakte speichern, die automatisch benachrichtigt werden, wenn ein Notruf abgesetzt wird. Die SOS-Funktion kann auch den aktuellen Standort an die Leitstelle weiterleiten, während man dort anruft. Das ist vor allem dann praktisch, wenn man sich nicht klar ausdrücken kann oder es keine markanten Punkte gibt, an denen man sich orientieren kann, um den Unfallort zu beschreiben. Damit der Notruf aber funktioniert, braucht man Netz und Akku. Und auf die ist leider nicht immer Verlass.

Wenn du Stress in der Schule hast, mit deinem Ausbilder gar nicht klarkommst, der Umgang mit deiner Freundin dich sehr belastet oder du deine Eltern einfach nur doof findest, wen rufst du dann an? Wer ist die Person, von der du dir Hilfe erhoffst? Auf wen kannst du dich verlassen? Wem vertraust du? Gott bietet sich uns als Notrufnummer an. Er verspricht, zu retten und zu helfen. Darum ist es gut, ihn als Nummer Eins in unserem Leben abzuspeichern. Denn sein Akku geht nie aus und er ist immer erreichbar. Seine Hilfe wird so großartig sein, dass wir gar nicht anders können, als ihn dafür zu loben und zu ehren.

Allerdings kann Gott mehr als nur unser Notnagel sein. Gott bietet sich uns vor allem als Freund fürs Leben an. Er wünscht sich, dass wir ihm unser Herz schenken. Er braucht keine religiösen Leistungen von uns wie ein Gottesdienstbesuch oder fleißiges Bibellesen. Er wünscht sich so sehr, dass wir ihn als unseren besten Freund im Leben abspeichern und auch einfach mal so anrufen – ohne Grund. Denn dann ist es selbstverständlich, dass wir ihn, unseren Freund, als Erstes in der Not anrufen. An welcher Stelle deines Lebens hast du Gott abgespeichert?

Tat-Sache

Es lohnt sich, sich einmal mit der SOS-Funktion im Smartphone zu beschäftigen und zu überlegen, wen man dort als Kontaktperson angeben möchte. Interessant ist auch ein Austausch darüber, wem man vertraut, von wem man Hilfe in der Not erwartet und warum.

PIZZATAXI

Mensch und Tier halten Ausschau nach dir, damit du ihnen Essen gibst zur richtigen Zeit.
Psalm 104,27

Fund-Sache: Kraft Gottes, Schöpfung, Versorgung

Ansichts-Sache

Vielleicht kennst du das: Niemand hat Lust zum Kochen, es ist so gemütlich auf dem Sofa, aber Hunger haben doch alle. Also wird eben mal beim Pizzaservice angerufen und für jede und jeden die passende Pizza bestellt. Eine halbe Stunde später wird sie direkt an die Haustür geliefert. Wie praktisch!

Die Brüder Tom und James Monaghan gründeten 1960 mit 500 geliehenen US-Dollars in der kleinen Stadt Ypsilanti in Michigan die Pizzeria DominNick's. James stieg nach einem Jahr wieder aus und ließ sich mit einem VW-Käfer ausbezahlen. Tom änderte den Namen in Domino's und eröffnete eine weitere Pizzeria. Heute gibt es ca. 17.000 Domino's-Pizzerien in 90 Ländern. Erfolgreich war seine Pizzakette durch ihren Lieferservice. Domino's warb damit, innerhalb von 30 Minuten das Essen zu bringen, sonst sei es kostenlos. Auf diese Weise konnte sich Domino's gegen die immer stärker werdende Konkurrenz behaupten.

Weil wir in einem Land leben, in dem es immer genug zu essen gibt, fällt uns gar nicht auf, wie abhängig wir trotzdem von Gott sind. Wissenschaftler können die Bedingungen untersuchen, unter denen Getreide, Gemüse und Obst am besten wachsen, und Gärtner können diese Erkenntnisse anwenden. Aber niemand kann ein Samenkorn dazu zwingen, aufzugehen und Früchte zu tragen. Das bleibt allein Gott vorbehalten. Es ist immer noch er, der in dieser gut erforschten und entwickelten Welt das Leben schenkt.

In Psalm 104 werden dieser Gott und seine Schöpfung sehr malerisch beschrieben. Gott lässt die Quellen sprudeln, damit Mensch und Tier etwas zu trinken haben und die Pflanzen wachsen können. Gott lässt Gras und Getreide wachsen, damit die Tiere Essen und die Menschen Brot haben. Und nicht nur Wasser und Brot lässt Gott gedeihen, sondern er schenkt auch den Luxus von Wein, Saft und Fleisch. Gott gibt uns die Nahrung! Wer sich das bewusst macht, geht vielleicht achtsamer mit dieser Welt um. Denn nicht nur das, was wir essen und trinken wollen, ist schützenswert, sondern der gesamte Kosmos, der wie ein Uhrwerk funktioniert und dazu beiträgt, dass alle Lebewesen versorgt sind. Essen gibt es ja genug auf dieser Welt, wir schaffen es nur nicht, es gerecht zu verteilen. Welchen Beitrag willst du dazu leisten? Du kannst Gottes Pizzataxi sein und anderen von seiner Liebe erzählen, indem du sie auf die wunderbare und leckere Schöpfung aufmerksam machst und sie zu einem achtsamen Umgang damit motivierst.

Tat-Sache

In Deutschland werfen Privatpersonen pro Jahr ca. 7 Millionen Tonnen Essen in den Müll. Bis 2030 soll diese Lebensmittelverschwendung halbiert werden. Manchmal fehlt nur die Fantasie, um aus Resten etwas Neues zu zaubern. Triff dich mit ein paar Freunden. Alle bringen mit, was im Kühlschrank ist und wegmuss. Zaubert daraus ein neues Menü! Damit schützt ihr nicht nur die Umwelt, sondern zeigt gleichzeitig Achtung vor Gottes Geschenken.

PODCAST

Wer mich gesehen hat, hat den Vater gesehen!
Johannes 14,9b

Fund-Sache: Allgegenwart Gottes, Dreieinigkeit, Jesus

Ansichts-Sache

Hören, wann ich will und wo ich will, das machen Podcasts möglich. Auf dem Weg in die Schule oder zu Freundinnen und Freunden, während eines Spaziergangs, in der Badewanne oder beim Aufräumen schenken Podcasts Unterhaltung und mindern die Langeweile. Ob Video- oder Audiopodcast, als Inhalt eignet sich fast alles. Manche Podcasts sind bereits ausgestrahlte Radiosendungen, andere behandeln ein bestimmtes Thema und wieder andere sind pures Entertainment. Auch Politiker nehmen dieses Format zur Hilfe, um den Menschen ihre Sichtweisen zu erklären. So sendete die ehemalige Bundeskanzlerin Angela Merkel vom 8. Juni 2006 an jeden Samstag einen Videopodcast und war damit die erste Regierungschefin weltweit, die sich in diesem Format direkt an die Bevölkerung wandte.

Im Gegensatz zu einem vorgelesenen Hörbuch sind Podcasts oft frei gesprochen, teilweise auch etwas unstrukturiert und einfach drauflos geredet. Das erzeugt bei den Hörenden das Gefühl, eine Freundin oder einen Freund direkt neben sich sitzen zu haben. So entsteht eine Verbindung zwischen Sprechenden und Hörenden, die dafür sorgt, dass man auch die nächsten Folgen hören will.

Als so einen nahbaren Podcaster stellt Jesus sich vor. Jesus lebte mit den Menschen und ließ sie an seinem Leben teilhaben. „Komm und sieh!“, lädt er seine Bewunderer ein (siehe Kapitel „Fingerabdruck“). Als Freund, als Nachbar, als Arzt, als Prediger, als Zuhörer, als Mitbürger lebte er mitten in der Gesellschaft und war den Menschen nah. Als Sohn Gottes erzählte er von Gott, dem allmächtigen

Schöpfer, dem allgegenwärtigen Weltenrichter, dem barmherzigen Vater. Bislang war es den Menschen kaum möglich, sich Gott zu nähern: Seine Heiligkeit und ihre Sünde – das machte die Beziehung schwierig. In Jesus kam Gott ganz nah zu den Menschen, in ihr Leben, ihre Sorgen und Ängste, ihre Freude und Glücksmomente. Der unbekannte Gott stellt sich in Jesus vor. An Jesus können wir sehen, wie Gott ist. Er kümmert sich um die, um die sich niemand kümmern will. Er sieht die, die von allen übersehen werden. Er lädt die ein, die niemals eingeladen werden. Er vergibt, wo wir große Schuld auf uns laden. Er schenkt einen Neuanfang, wo wir nicht mehr ein noch aus wissen. Er ist barmherzig und voller Liebe zu uns. Diese Folgen kannst du in der Bibel nachlesen.

„Wer mich gesehen hat, hat den Vater gesehen“, sagt Jesus. Er ist auf die Welt gekommen, damit wir Gott kennenlernen. Er wünscht sich nicht, dass wir ihn abonnieren und ihm dann nur von fern zuhören, sondern dass wir eine persönliche Freundschaft mit Gott leben. Dann ist Gott für uns kein fernes Wesen mehr, sondern unsere Vertrauensperson Nummer Eins!

Tat-Sache

Jesus hat uns aufgefordert, unseren Glauben und das, was wir mit Gott erleben, mit anderen zu teilen. Dies kann auch in Form von Podcasts geschehen. Such dir eine Freundin oder einen Freund und überlegt, was ihr über Gott berichten wollt. Ob ihr den Podcast später online stellt oder ihn nur für euch und euren Freundeskreis aufnehmt, ist nicht wichtig. Es ist eine gute Übung, um im realen Treffen mit anderen von Gott zu erzählen.

POWERBANK

Ja, bis dahin kannte ich dich nur vom Hörensagen. Doch jetzt hat mein Auge dich wirklich gesehen.
Hiob 42,5

Fund-Sache: Bekenntnis, Glaube, Wahrheit

Ansichts-Sache

Ob Smartphone, schnurlose Kopfhörer, Lautsprecherboxen, Tablets, Laptops, E-Reader oder Digitalkameras: Nahezu alle mobilen, elektrischen Geräte sind mit einem Akku ausgestattet. Er versorgt die Geräte mit Energie, ohne dass sie dafür ein Kabel benötigen. Aber um den Akku aufzuladen, braucht es den Anschluss an die Steckdose. Die Energie wird im Akku gespeichert und dann an das jeweilige Gerät abgegeben. Erfunden hat den Akku Johann Wilhelm Ritter im Jahr 1803, drei Jahre nach der Erfindung der Batterie durch Alessandro Volta. Seit der Verkleinerung der Endgeräte kann der Akku nicht mehr selbst ausgewechselt werden. Powerbanks, etwas größere Akkus, die selbst an der Steckdose aufgeladen werden müssen, sind nötig, um unterwegs das Gerät mit neuer Energie zu versorgen, wenn keine Steckdose in der Nähe ist. Eigentlich eine praktische Erfindung, allerdings auch immer etwas unsicher: Ist noch genug Energie da, um meinem Gerät zu neuer Kraft zu verhelfen? Die Steckdose ist da sicherer. Wer sich nur auf die Powerbank verlässt, ist manchmal verlassen.

Manche Menschen leben ihren Glauben so, dass er sich nur durch eine „Powerbank" nährt: Sie hören, was andere mit Gott erleben. Sie verlassen sich auf das, was ihre Eltern, Großeltern, Geschwister oder der Freundeskreis über Gott erzählen. Sie kennen die Kultur und Tradition, in der Glaube gelebt wird, und setzen sie manchmal sogar im eigenen Leben um. Aber einem Glauben aus zweiter Hand fehlt etwas Entscheidendes: die Verbindung zu Gott! Die schönsten Berichte über den Geschmack von Schokoladeneis aus der besten

Eisdiele Deutschlands oder über den atemberaubenden Blick vom Gipfel eines hohen Berges sind eben nicht dasselbe, wie selbst das Eis zu probieren oder den Gipfel zu besteigen und die Aussicht zu genießen. Leben und Glauben im Second Life ist eben nur „second" – nie wirklich das Original.

Hiob hat Schreckliches erlebt. Er hat seine Kinder und seinen Besitz verloren und war schwer krank – Erfahrungen, auf die wir gut und gern verzichten können. Aber er hat in dieser Tiefe Gott entdeckt. Davor war sein Glaube eine gute Tradition, nun aber hat er Gott persönlich kennengelernt. Manchmal stehen wir in der Gefahr, in der Beobachterrolle zu bleiben. Wir schauen und beobachten, wie andere Gott erleben, und bilden uns dann damit unser Urteil über Gott. So riskieren wir nichts, wir begeben uns nicht in die Gefahr, dass Gott unser Leben ändern könnte oder uns herausfordert. Wir bleiben in der Beobachterrolle und hängen an der geistlichen Powerbank, dem Glauben der anderen.

Das Erleben der anderen kann dich durchaus inspirieren, aber es ist nicht die eigentliche Quelle! Selbst die größten Vorbilder im Glauben müssen sich immer wieder bei Gott aufladen. Darum lebe deinen Glauben nicht aus zweiter Hand, sondern verbinde dich direkt mit Gott. Rede mit ihm! Lies in der Bibel und bilde dir deine eigene Meinung! Sammle eigene Erfahrungen, indem du ihm vertraust!

Tat-Sache

Wer ist für dich ein Vorbild im Glauben? Was fasziniert dich an ihr oder ihm? Und was von dem, das dich fasziniert, willst du in deinem eigenen Leben umsetzen?

SEIFE

Wenn wir aber unsere Schuld eingestehen, ist Gott treu und gerecht: Er vergibt uns die Schuld und reinigt uns von allem Unrecht, das wir begangen haben.
1. Johannes 1,9

Fund-Sache: Ehrlichkeit, Sünde, Vergebung

Ansichts-Sache

Die Verwendung von Seife hat seit der Coronapandemie an Bedeutung gewonnen. Nie zuvor wurde so flächendeckend Werbung für das Händewaschen gemacht. Schon kleine Kinder lernen, dass Händewaschen mit Seife zum alltäglichen Leben dazugehört. Seife gibt es schon seit dem 3. Jahrtausend v. Chr. Die Sumerer, die auch die Keilschrift, die Bürokratie und ein Abwassersystem erfunden haben, entdeckten, dass Asche vermischt mit Ölen heilend auf Wunden wirkt, und schufen damit die Grundrezeptur der Seife. Erst die Römer stellten fest, dass die heilende Wirkung auf der Wunde durch die reinigende Wirkung der Seife geschieht. Im 7. Jahrhundert n. Chr. wurden im Mittleren Osten Öl und Lauge gemischt und gekocht und die Seife, wie wir sie heute kennen, hergestellt. Durch kriegerische Eroberungen kam die Seife schließlich nach Europa, in Frankreich und Spanien entstanden Zentren der Seifenherstellung. Der Ausbruch von Pest und Cholera im Mittelalter stoppte den Siegeszug der Körperhygiene, weil man glaubte, dass die Krankheiten durch das Baden und Waschen übertragen würden. Erst der französische König Ludwig XIV. förderte wieder die Seifenherstellung.

„Ich wasche dir den Mund mit Seife aus!" – das war (und ist) eine Drohung, die Eltern ihren Kindern gegenüber aussprachen, wenn diese ein „schmutziges" Wort verwendet hatten, das nicht akzeptiert war. Manche haben die Drohung leider auch ausgeführt ... Gesagte Worte, die andere beleidigt und verletzt haben, kann man weder mit Seife wegwaschen noch ungeschehen machen. Unsere

Schuld – egal ob wir ein schlechtes Gewissen haben oder nicht, wenn wir andere mit Lästerei und Verleumdung durch den Kakao ziehen, mit Lügen unser Image aufpolieren oder schmutzige Gedanken unser Handeln bestimmen – hinterlässt Dreckspuren auf unserer Seele. Wie sich Öl nicht mit Wasser wegwaschen lässt, so bleibt auch die Schuld an uns haften. Von uns selbst aus können wir nichts mehr in Ordnung bringen. Die Verletzungen bleiben – auf beiden Seiten. Dann brauchen wir Gottes Seife: seine Liebe und Vergebung. Er hat versprochen, dass er unsere Schuld vergibt und unsere Wunden heilt, wenn wir mit diesem „Dreck" zu ihm kommen. Er bringt Licht in unsere finstersten Winkel. Er heilt, was zerbrochen ist. Dass er es wirklich ernst meint, hat er durch den Tod Jesu am Kreuz gezeigt. Seine Seife ist nicht billig, aber wir bekommen sie geschenkt! Er vergibt unsere Schuld und heilt die Verletzungen. Es lohnt sich, jeden Tag bei Gott „die Hände zu waschen".

Tat-Sache

Welch einen Unterschied die Seife macht, kann man an einem kleinen Experiment sehen. Auf ein Glas Wasser wird etwas Salatöl getropft und verrührt. Die beiden Stoffe lassen sich nicht vermischen. Erst ein Tropfen Seife im Wasser ermöglicht dies und das vermischte Öl kann mit dem Wasser weggeschüttet werden. So kann man sich Gottes Vergebung vorstellen. Zur Erinnerung lassen sich schöne Seifen selbst herstellen. Anleitungen findet man im Internet.

SELFIESTICK

Der Mensch sieht nur auf das Äußere, der Herr aber sieht auf das Herz.
1. Samuel 16,7b

Fund-Sache: Individualität, Liebe Gottes, Wahrheit

Ansichts-Sache

Besonders vor berühmten Sehenswürdigkeiten findet man sie in großer Zahl: die Menschen, die freundlich ihr Smartphone anlächeln. Erinnerung an den Urlaub oder lustige Momente mit anderen hält man gern per Selfie fest. Weil der Arm dafür häufig zu kurz ist, wurde der Selfiestick erfunden.

1983 entwickelten die Japaner Hiroshi Ueda und Yujiro Mima einen Teleskopstab für kleine Kameras. 2002 erfand der Kanadier Wayne Fromm einen ähnlichen Stab mit Selbstauslöser für Smartphones, den er ab 2006 in den USA verkaufte. 2014 gelang ihm damit schließlich der Durchbruch in der Tourismusbranche, aber auch bei Hobby- und Extremsportarten.

Nicht überall sind die Selfiesticks gern gesehen. In einigen Fußballstadien und in Wimbledon beim Tennis sind sie verboten, weil sie auch als Waffe verwendet werden können. Auch bei manchen Konzerten sind sie verboten, weil der Stangenwald den weiter hinten Stehenden die Sicht versperrt. In Mekka darf man keine Selfies machen, weil dies gegen die Bilderregel des Islam verstößt. In den USA sind Selfies in Wildtierparks verboten, weil sich schon einige Menschen in Lebensgefahr gebracht haben, als sie versuchten, sich gemeinsam mit einem Bären zu fotografieren. Museen verbieten häufig Selfiesticks, weil durch sie wertvolle Ausstellungsstücke beschädigt werden können. Dafür gibt es in Berlin ein extra Selfiemuseum, die WOW-Gallery. Dort kann man sich vor 25 verschiedenen Hintergründen selbst fotografieren.

Was ist der Unterschied zwischen einem Porträtfoto und einem Selfie? Fotografiert uns jemand anderes, haben wir keine Kontrolle darüber, wie wir auf dem Foto aussehen. Wir können den Blick der Fotografin / des Fotografen nicht beeinflussen. Bei Selfies dagegen können wir so lange den Stick hin und her bewegen, bis uns der Blick auf uns selbst gefällt. Und ist das Bild so geworden, wie wir uns darstellen wollen, dann können wir es auch mit der Öffentlichkeit teilen. Wir bestimmen, wie andere uns sehen.

Gott lässt sich von unserem Selfie nicht täuschen. Er durchblickt alle unsere Filter und die Bearbeitung unseres Selbstbildes. Er sieht das Original in uns. Das kann uns erschrecken, weil wir vor ihm nicht verbergen können, was wir niemandem zeigen und wovor wir lieber die Augen verschließen möchten. Aber es ist auch befreiend, weil Gott uns mit einem liebevollen Blick anschaut. Du kannst vor Gott echt sein. Ganz ungefiltert darfst du bei ihm dein Herz ausschütten. Er lässt sich von deiner Wirklichkeit nicht abschrecken.

Tat-Sache

Macht Selfies von euch, mit oder ohne Selfiestick. Und lasst euch von anderen fotografieren. Dann vergleicht einmal: Was ist der Unterschied zwischen den beiden Fotos? Wie sehen andere mich, was mögen sie an mir? Was will ich selbst von mir zeigen?

SERIEN-DVD

Auch ich bin all dem bis zu den Anfängen noch einmal sorgfältig nachgegangen. Dann habe ich mich dazu entschlossen, für dich, verehrter Theophilus, alles in der richtigen Reihenfolge aufzuschreiben. So kannst du dich davon überzeugen, wie zuverlässig die Lehre ist, in der du unterrichtet wurdest.
Lukas 1,3-4

Fund-Sache: Bibel, Glaube, Wahrheit

Ansichts-Sache

Serien sind aus unserem Alltag kaum noch wegzudenken. Ob als DVD, aus dem Internet gestreamt oder live im Fernsehen, sie faszinieren uns und machen es uns schwer, wieder auszuschalten. Das Ende an der spannendsten Stelle, eine offene Handlung oder ein ungelöster Konflikt machen uns neugierig auf die nächste Folge. 2018 wurden in Deutschland 1.570 Stunden Serienzeit produziert – genug, um 65 Tage lang ununterbrochen Serien anzuschauen. Tatsächlich haben die Deutschen 2019 täglich im Schnitt 3 Stunden und 31 Minuten ferngesehen, das sind fast 54 Tage, die wir ununterbrochen ferngesehen haben ...

Die ersten Serien liefen im US-amerikanischen Radio. Zielgruppe waren die damals noch vormittags zu Hause arbeitenden Hausfrauen. Am 10. Oktober 1932 startete die Serie „Betty and Bob". Sie wurde von einem Frühstücksflockenhersteller gesponsert. Da aber auch eine Waschmittelfirma die Werbeblocks für sich nutzte, entstand der Name „Soap-Opera". Mit der Verbreitung der Fernsehgeräte in den Haushalten wurden aus den Hörspielen TV-Serien.

Es geht in den Serien hauptsächlich um Beziehungen. Wer nur eine Folge einer Staffel sieht, versteht nicht, wer warum mit wem zusammen, getrennt oder zerstritten ist. Man muss die Serie von vorn schauen und dranbleiben, um den Zusammenhang zu verstehen.

Mit der Bibel verhält es sich ähnlich. Wer sie irgendwo aufschlägt und nur einen Vers liest, versteht den Zusammenhang nicht. Wer ist Jesus und warum stirbt er am Kreuz? Das muss ja ein grausamer Gott sein! Es ist unverständlich, wenn man den Zusammenhang nicht kennt. Und auch hier lohnt es sich, von vorn zu beginnen. Dort wird berichtet, dass Gott uns Menschen aus Liebe perfekt geschaffen hat. Jede und jeden! Er will in Beziehung mit uns leben. Doch wir entscheiden uns oft anders. Wir meinen, selbst zu wissen, was gut für uns ist, und interessieren uns nicht für Gott und seine Meinung. Gott ist nicht beleidigt, sondern er liebt uns weiter. Er vermisst uns und begegnet uns darum als Mensch in Jesus, der als Sündenbock der ganzen Welt ans Kreuz genagelt wird. Sein Tod ist darum nicht Ausdruck von Gottes Grausamkeit, sondern von Gottes Liebe zu uns, weil er uns damit wieder den Weg zu sich ebnet.

Das kann man nur verstehen, wenn man den Zusammenhang kennt. Darum lohnt es sich, jeden Tag ein Stück in der Bibel zu lesen und dadurch einen Einblick in die Endlos-Serie zu bekommen, die Gott jeden Tag mit uns schreibt.

Tat-Sache

Aus bekannten biblischen Geschichten wird nur jeweils eine Aussage genannt, die eine Hauptfigur gesagt haben könnte. Die Gruppe muss die passende Person erraten. Beispiele: „Lecker! Davon soll mein Mann auch probieren." (Eva); „Ich kann keine Reden halten!" (Mose); „Ich komme mit!" (Rut); „Bloß weg hier!" (Jona).

SMARTPHONE

Ich und der Vater sind eins.
Johannes 10,30

Fund-Sache: Allgegenwart Gottes, Dreieinigkeit, Glaube

Ansichts-Sache

Das Smartphone ist nicht mehr aus unserem Leben wegzudenken. Überall sieht man Menschen, die gerade auf ein Display schauen, wischen und tippen oder per Kabel mit ihm verbunden sind. In Deutschland haben 95% aller 14- bis 49-Jährigen ein solches tragbares Gerät. Das erste Smartphone mit dem Namen Simon wurde 1994 in den USA entwickelt, ein erstes Touchhandy mit nur wenigen Tasten erschien kurz vor dem iPhone im Frühjahr 2007. LG entwickelte mit dem Modelabel Prada das KE850, aber erst durch den guten Verkauf des iPhones im selben Jahr gewann das Smartphone zunehmend an Bedeutung. Schon in den ersten beiden Tagen nach Erscheinen wurden 270.000 iPhones verkauft.

Mit dem Smartphone kann man mehr als nur telefonieren. Schon der Name – „schlaues Telefon" – drückt das aus. Wir können über Anrufe oder Nachrichten mit Menschen in Kontakt treten. Als Navigationsgerät ersetzt es den Atlas, es kann unseren Standort erkennen und zählt unsere Schritte. Es hilft uns bei der Überwachung unserer Gesundheit und berechnet unsere Kalorienzufuhr. Als Spielkonsole und Fernseher bietet es Unterhaltung. Es dient als MP3-Player für Musik und Hörbücher, als Fotoapparat, als Kalender, als Lexikon, letztlich als Computer. So viele Funktionen in nur einem Gerät. Das gab es noch nie.

Vielleicht nicht in einem Gerät, aber in einer Person gibt es das schon immer: Gott selbst ist Schöpfer und Herr der Welt, Richter und Schuldvergeber, uns Menschen Liebender, Vorbild, Helfer in der Not, Zurechtweiser, Richtigsteller, Barmherziger, Allmächtiger usw. Diese

Liste lässt sich noch lange fortsetzen. Gott ist so viel und doch einer. Das lässt sich kaum in Worte fassen. Die Dreieinigkeit ist ein Versuch, diesen großen Gott zu umschreiben. Dazu hat es mehrere Hundert Jahre und einige Treffen der christlichen Kirchen gebraucht, bis man sich im Wortlaut mehr oder weniger einig war. Die sogenannte Dreieinigkeitslehre fasst zusammen, wie Gott sich in der Bibel vorstellt. Da gibt es den Gott-Vater, der die Welt geschaffen hat und sie zusammenhält. Der Gott-Sohn ist in Jesus Christus wirklich Mensch gewesen, um für uns die Gemeinschaft mit Gott wiederherzustellen. Und durch den Heiligen Geist ist Gott in uns und durch uns wirksam. Drei Personen und doch eins.

Gott ist durch diese Definition kein statisches Wesen, sondern ein Gott, der mit uns in Bewegung bleibt. Wie ein Smartphone viele Funktionen hat und doch nur ein Gerät ist, so kann man sich auch Gott als denjenigen vorstellen, der vielfältig ist und gleichzeitig ein Ansprechpartner für alle Fragen unseres Lebens. Entdecke ihn mit all seinen „Funktionen"!

Tat-Sache

Gott hat viele Seiten, die wir in der Bibel und in unserem Leben wahrnehmen können. Überleg dir mal, wie du Gott schon erlebt hast, und sammle seine Eigenschaften, die du aus der Bibel kennst. Welche davon sind dir sympathisch, welche findest du befremdlich? Sprich mit Gott darüber.

SPICKZETTEL

Der Bogen wird in den Wolken stehen. Wenn ich ihn sehe, denke ich an den ewigen Bund Gottes mit allen Lebewesen – mit allem, was auf der Erde lebt.
1. Mose 9,16

Fund-Sache: Erinnerung, Lüge, Segen

Ansichts-Sache

Es scheint unmöglich zu sein, für die nächste Klassenarbeit alles auswendig zu lernen, was abgefragt wird. Eine Unterstützung in Form eines Spickzettels muss her. Ist er übersichtlich gestaltet und sinnvoll angebracht, kann er dir dabei helfen, die vergessenen Infos in der Arbeit trotzdem aufs Papier zu bringen. Die Verstecke für solche Zettel sind kreativ zu wählen. Mittlerweile gibt es Hilfsmittel dafür auch schon zu kaufen, wie z. B. eine Spickzettelarmbanduhr oder Kugelschreiber mit Platz für den Spicker. Doch erlaubt ist das Verwenden eines Spickzettels nicht! Wird man dabei erwischt, wird die Klassenarbeit mit einer Sechs benotet. Im Studium kann das auch schon mal dazu führen, dass man nicht mehr weiterstudieren darf.

Spickzettel gibt es schon, seit die Menschen vor Prüfungen stehen. Aber auch in anderen Zusammenhängen werden sie als Erinnerungshilfe verwendet, z. B. beim Einkaufen, bei immer wiederkehrenden Arbeitsabläufen in Büros, als Moderationskarten im Fernsehen oder sogar in der katholischen Kirche. Auf dem Altar stehen dafür drei sogenannte Kanontafeln, die dem Priester bei der Feier der Heiligen Messe eine Gedankenstütze sind, damit er nicht umständlich im Messbuch nachschlagen muss. Den wohl berühmtesten Spickzettel hat Jens Lehmann bei der Fußball-WM 2006 verwendet, als Deutschland gegen Argentinien zum Elfmeterschießen antreten musste. Darauf war notiert, welcher Spieler am häufigsten in welche Ecke schießt. Und tatsächlich hat Jens Lehmann zwei von vier Elfmetern gehalten. Für eine Million Euro wurde der Spickzettel

schließlich versteigert und ist heute im deutschen Fußballmuseum in Dortmund zu sehen.

Gott selbst hat auch einen Spickzettel, nicht geheim, sondern sichtbar für alle installiert: den Regenbogen. Nach der schrecklichen Vernichtung der Welt durch die Sintflut hat er versprochen, über uns zu wachen und unser Leben zu schützen. Um sich selbst und uns daran zu erinnern, gibt es den Regenbogen. Das hebräische Wort, das die Bibel für den Regenbogen verwendet, bedeutet wörtlich übersetzt „Kriegsbogen“. Gott hat also sozusagen den Kriegsbogen in die Ecke gestellt – in die Wolken nämlich. Er hat keine Verwendung mehr dafür, denn er schließt mit uns Frieden. Egal, wie wir Menschen auf sein Friedensangebot antworten: Gott steht zu seinem Wort. Er hat versprochen, uns durch die Unwetter des Lebens zu begleiten und an unserer Seite zu bleiben. Wenn alles drunter und drüber geht, dir das Wasser bis zum Hals steht oder du mit Gegenwind zu kämpfen hast: Gott hält zu dir! Das ist so sicher wie ein Regenbogen am Himmel.

Tat-Sache

Den Regenbogen gibt es nicht nur bei Regen, sondern er kann auch durch Licht in einem Wasserglas, einem Glasnugget oder einem Glasprisma reflektiert werden. Stell zum Beispiel ein Wasserglas in die Sonne und versuche durch Änderung der Position, einen Regenbogen an eine dahinterliegende weiße Wand oder ein Blatt Papier zu projizieren. Den Regenbogen kann man nicht konservieren. Dafür schenkt Gott uns jeden Tag die Erinnerung, dass sein Wort immer noch gilt.

SPIEGEL

Seid barmherzig, so wie euer Vater barmherzig ist.
Lukas 6,36

Fund-Sache: Barmherzigkeit, Gemeinschaft, Vergebung

Ansichts-Sache

Er ist unvermeidlich – der Blick in den Spiegel! Wenn du morgens verschlafen ins Bad schlurfst, dann schaut dich ganz automatisch dein Spiegelbild an. Und das nicht immer freundlich! Auch tagsüber begegnet dir dein Angesicht immer wieder: beim Vorbeilaufen an einem Schaufenster, im Bus beim Blick aus dem Fenster, auf deinem Handydisplay. Wir können uns immer sehen und dabei kontrollieren, ob die Frisur sitzt oder noch Essensreste zwischen den Zähnen kleben. Ein Selfie hinter unserem Rücken zeigt uns sogar, wie wir von hinten aussehen.

Sich zu schmücken oder den Körper zu bemalen ist eine sehr alte Kunst. Und natürlich waren die Menschen schon immer an dem Ergebnis interessiert. Erste Spiegel waren wahrscheinlich Schalen, die mit Wasser gefüllt waren. Metallene Spiegel in Form von polierten Bronzeplatten gab es vermutlich ab 3.000 v. Chr. Andere Spiegel wurden aus Obsidian hergestellt, einem glasähnlichen Vulkanstein. Später wurden dann auch andere Metalle verwendet, ab dem 14. Jahrhundert n. Chr. auch Glas mit Metall-Legierungen, die unseren heutigen Spiegeln ähneln.

Spiegel waren früher ein beliebtes Hochzeitsgeschenk: Die Frau soll sich für ihren Mann schön machen. Und diese Schönheit auch regelmäßig kontrollieren. Und was tue ich so, wenn ich in den Spiegel blicke? Sieht der Pickel schlimm aus? Was mache ich bloß mit meinen Haaren? Wie sieht es aus, wenn ich diese oder jene Grimasse schneide? Was denken andere, wenn sie mich so sehen?

Spiegel sind eindeutig, unparteiisch und gnadenlos. Sie haben keine Gefühle und gehen nicht behutsam mit der Wahrheit um. Sie fragen morgens nicht nach unserem Befinden, bevor sie uns in unser Gesicht schauen lassen. Aber Spiegel sind auch flach und zeigen nur, was man von außen sehen kann. Sie können darum einen Menschen nicht bewerten und über ihn urteilen. Schlimm genug, dass wir es selbst tun, wenn wir unser Spiegelbild ansehen. Wir tun es auch, wenn wir anderen ins Gesicht schauen. Wir beurteilen sie, ohne nachzufragen, manchmal auch ohne nachzudenken. Das verletzt, wenn wir unsere abwertenden Gedanken laut äußern. Denn wir tun dabei so, als wären wir perfekt und könnten so über alle urteilen. Dabei sind wir selbst fehlerhaft, das vergessen wir schnell.

Wir alle sind gleichermaßen darauf angewiesen, dass Gott uns so annimmt, wie wir eben sind. Dass er barmherzig mit uns und unseren Fehlern umgeht. Dass er uns mit all unseren Macken, unserem Versagen, unserer Schuld liebt. Dieses Wissen ist unverzichtbar, wenn wir andere auf ihr falsches Verhalten ansprechen. Korrektur brauchen wir alle. Aber es ist gut, wenn wir dabei an unser eigenes Spiegelbild denken und barmherzig bleiben.

Tat-Sache

Jeder Person wird ein Zettel auf den Rücken geklebt, alle haben einen Stift. Jede und jeder schreibt jeder und jedem auf den Zettel, was man an dieser Person gut findet. Am Ende dürfen alle ihre Zettel abnehmen und lesen.

SPORTSCHUH

Ihr müsst nur treu und unerschütterlich am Glauben festhalten. Und ihr dürft euch nicht von der Hoffnung abbringen lassen. Sie erwächst aus der Guten Nachricht, die ihr gehört habt.
Kolosser 1,23a

Fund-Sache: Ausdauer, Glaube, Treue

Ansichts-Sache

Ein Sportschuh ist nicht nur ein schickes Accessoire, sondern dient der schnellen, ausdauernden Bewegung. Wer schon mal versucht hat, regelmäßig zu joggen oder die Fitness in einer anderen Sportart zu steigern, der hat vielleicht auch erlebt, dass für den ersten Tag noch ausreichend Reserven vorhanden sind, um gut mitzuhalten. Aber am zweiten Tag tut einem alles weh, am dritten Tag meint man, es geht gar nichts mehr und am vierten Tag ist es wieder etwas besser. Langsam baut sich Kondition auf und dann macht es sogar irgendwann Spaß. Es ist ein tolles Gefühl, wenn man den Berg mit dem Fahrrad jedes Mal ein Stückchen weiter hochfahren kann. Oder wenn man auf der Joggingstrecke jeden Tag ein bisschen weiter laufen kann. Aber wenn man ein paar Tage oder Wochen Pause macht, muss man leider wieder von vorn anfangen.

Kondition kann man nicht aufsparen oder ansammeln. Man muss beim Sport ständig dranbleiben, um fit zu sein. Ein konstantes Training ist unerlässlich. Highlights wie ein Turnier oder ein Trainingslager motivieren dazu weiterzumachen. Solche Events tun gut, man trifft andere, kann sich messen, bekommt Bestätigung. Aber sie ersetzen nicht das regelmäßige Training. Im Mannschaftssport hilft es dir nicht, wenn die anderen gut sind. Du musst dich um deine eigene Kondition kümmern.

Mit unserem Glauben an Gott ist es ähnlich. Highlights wie Freizeiten, besondere Erlebnisse und Begegnungen mit anderen Menschen brauchen wir. So können wir Gott kennenlernen, die Bibel besser verstehen, an anderen sehen und von ihnen hören, dass es Gott wirklich gibt. Wir sind neu motiviert, an Gott dran zu bleiben. Aber die Highlights ersetzen nicht unsere persönliche Beziehung zu Jesus. Wie bei der Kondition im Sport können wir Erfahrungen mit Gott nicht aufsparen, sondern brauchen sie immer wieder, weil das Leben sich ändert. Da gibt es gute Tagen, Wochen, Monate und Jahre, wo wir glücklich sind, unser Leben gelingt und wir einfach gut drauf sind. Aber es gibt auch Zeiten, wo es ganz anders läuft, wo Streit, Neid, Bosheit oder auch Krankheit, Verlust oder das Nicht-Gelingen unserer Pläne uns unglücklich machen und wir viel Kraft lassen müssen. Wir brauchen an allen Tagen unseres Lebens den Zuspruch Gottes: „Ich liebe dich. Du bist mein Kind, ich halte dich fest. Ich vergebe dir. Du kannst noch mal neu anfangen. Ich bin bei dir, was auch kommt.“ Diesen Zuspruch, die Begegnung mit Gott, brauchen wir immer wieder neu. Das können wir uns nicht aufsparen.

Es reicht für unseren Glauben nicht, dass wir einmal die ganze Bibel lesen und dann Bescheid wissen. Es geht beim Glauben an Gott nicht um Wissen, sondern um Beziehung zu ihm. Und die muss gelebt werden.

Tat-Sache

Ausdauer ist nicht nur gut für den eigenen Körper, sondern kann auch für andere ein Gewinn sein, wenn ihr einen Sponsorenlauf veranstaltet und damit Geld für Menschen sammelt, die gerade eine Durststrecke durchmachen.

SPÜLMASCHINE

Brüder und Schwestern, ihr seid zur Freiheit berufen! Aber nutzt eure Freiheit nicht als einen Vorwand, um eurer menschlichen Natur zu folgen. Dient euch vielmehr gegenseitig in Liebe. Denn das ganze Gesetz ist erfüllt, wenn ein einziges Gebot befolgt wird. Nämlich folgendes: „Liebe deinen Mitmenschen wie dich selbst!"
Galater 5,13-14

Fund-Sache: Begabung, Freiheit, Nächstenliebe

Ansichts-Sache

„Kannst du mal bitte die Spülmaschine ausräumen?" Diesen Satz hast du vielleicht schon gehört. Wenn die Kinder im Haushalt mithelfen müssen, dann ist das Ausräumen der Spülmaschine ein Klassiker. Es ist eigentlich ganz einfach: Maschine auf, Schubladen raus, Geschirr an seinen Platz räumen. Oft ist das eine Arbeit von maximal zwei Minuten, aber bis man sich dazu aufgerafft hat, dauert es meist sehr viel länger. Und manchmal haben wir auch die Hoffnung, dass es jemand anders tut, wenn wir nur lange genug warten ...

Die Spülmaschine ist eine tolle und zeitsparende Erfindung. Die Amerikanerin Josephine Cochrane gilt als Erfinderin der ersten handbetriebenen Spülmaschine. 1886 reichte sie ihr Patent ein und gründete damit ein Unternehmen, dessen Produkte noch heute unter dem Namen KitchenAid bekannt sind. 1929 wurden dann die ersten elektrischen Spülmaschinen Europas von der Firma Miele gebaut. 2019 besaßen 71,7% der Haushalte eine Spülmaschine.

Das Problem, das Paulus im Galaterbrief behandelt, sind nicht die Eltern, die ihre Kinder zur „Sklavenarbeit" im Haushalt zwingen. Sondern es sind verschiedene geistliche Strömungen, die behaupten, dass auch Christinnen und Christen alle jüdischen Gesetze einhalten müssen, um gerecht vor Gott zu sein. Paulus sagt: Nein, so ist das nicht. Jesus hat das Gesetz für uns alle erfüllt. Wir sind frei von allem Zwang, von allen Anstrengungen, Gott durch unser Handeln gefallen zu wollen. In der Beziehung zu Gott geht es nicht darum, dass wir alle Regeln befolgen, sondern dass wir uns voll Vertrauen an ihn wenden und ihm glauben, dass er es gut mit uns meint. Sonst nichts. Wir sind frei!

Diese Freiheit ist aber kein Freibrief, faul auf dem Sofa rumzugammeln und andere Menschen auszunutzen. Im Gegenteil: Weil Gott uns so sehr liebt, dass er mit Jesus das Gesetz für uns erfüllt hat, können wir diese Liebe an andere weitergeben. Unser Dienst an unseren Nächsten ist keine Rückerstattung der Liebe Gottes, sondern er drückt aus, dass wir überreich beschenkt sind und darum etwas abgeben können: von unserer Zeit, unserer Kraft, unserer Liebe, unseren Ideen, unserer Geduld ... Die Spülmaschine auszuräumen ist also ein Tipp aus der Bibel, wie wir Gott zeigen können, dass wir ihn lieben.

Tat-Sache

Was heißt es konkret, unsere Mitmenschen zu lieben? Sammelt Beispiele aus eurem Alltag und überlegt, wie ihr eure Liebe für eure Mitmenschen ausdrücken könnt. Findet Erklärungen für eure Motivation. Zum Beispiel:

- Ich räume die Spülmaschine aus und zeige damit meinen Eltern, dass ich sie dafür achte, was sie alles für mich tun.
- Ich erkläre jemandem die Hausaufgaben und danke Gott dabei dafür, dass ich die Aufgaben verstanden habe.

STEIN

Ertragt euch gegenseitig und vergebt einander, wenn einer dem anderen etwas vorwirft. Wie der Herr euch vergeben hat, so sollt auch ihr vergeben!
Kolosser 3,13

Fund-Sache: Freiheit, Gebote, Vergebung

Ansichts-Sache

Steine gibt es überall. Kleine Steine können eine Festtafel dekorieren, große Steine in einer Mauer halten die Erde zusammen, geschliffene Steine schmücken Hals, Ohren oder Finger, grobe Steine versperren Fußgängerwege für Autos, behauene Steine erinnern an Heldinnen und Helden. Im Blumenbeet sind sie im Weg, als Schmuckstücke bringen sie viel Geld ein.

Steine gibt es schon immer. Sie bestehen aus einem Gemisch von Mineralkörnern, verwesten Tieren und Gesteinsbruchstücken. Unsere Erde setzt sich aus sehr großen zusammenhängenden Steinen zusammen, die man Gestein oder Gesteinsformationen nennt. Sie entstehen durch das Erkalten von Magma noch unter oder auch oberhalb der Erdoberfläche. Diese Formationen verändern sich immer wieder. Durch hohen Druck oder hohe Temperatur entstehen aus alten Steinen neue Steinarten. Andere entstehen durch Verwitterung, Ausdünstung von Wasser oder verrotteten Tieren. Das älteste Gestein wurde im Nordwesten Kanadas gefunden und ist ca. 4,031 Milliarden Jahre alt.

Nehmt jetzt einen Stein in die Hand, betrachtet seine Ecken und Spitzen und drückt ihn dann in der Faust zusammen, während der Text weitergeht.

Steine stehen symbolisch für die Lasten, die uns im Leben begegnen. Wir sprechen davon, dass uns „ein Stein vom Herzen fällt",

wenn sich etwas, das uns Sorgen gemacht hat, in Luft auflöst. Und wenn jemand „sein Päckchen zu tragen hat", dann denken wir nicht an ein Päckchen Kaugummi, sondern an einen schweren Sack, den sie oder er herumschleppt. Auch Schuld kann schwer wie ein Stein auf uns lasten. Das sind nicht nur die Fehler, die wir gemacht haben, sondern auch all die Momente, wo andere an uns schuldig geworden sind: eine Bemerkung aus dem Freundeskreis hat uns verletzt, unsere Eltern nörgeln nur an uns rum und zeigen uns nicht, dass sie uns lieben. Wir ballen die Faust, weil wir wütend sind. Zu recht! (Drückt die Faust noch fester zusammen.)

Ohne die Schuld anderer schönzureden, ist es gut, mal einen kurzen Blick auf sich selbst zu werfen. Ich bin auch nicht perfekt. Heute habe ich wieder etwas Dummes gesagt. Gestern war ich nicht ganz ehrlich. Und neulich habe ich bewusst jemanden ignoriert, der meine Freundlichkeit gebraucht hätte. Ich bin auch an anderen schuldig geworden. Gott vergibt mir diese Schuld. Jeden Tag neu! Sollte ich da anderen nicht auch vergeben?

Das geht nicht von heute auf morgen. Manchmal dauert es Jahre, bis wir unseren Zorn und unsere Wut anderen gegenüber loslassen können. Öffnet langsam die Faust um euren Stein. Spürt ihr die Erleichterung, die Entspannung? Wenn wir anderen unsere Schuld nachtragen, schaden wir auch uns selbst. Wenn wir vergeben lernen, öffnet uns das die Hände und macht uns frei. Probiert es aus!

Tat-Sache

Sucht euch eine große Wiese, ein Waldstück oder ein Gewässer aus, wo niemand unterwegs ist. Auf wen seid ihr so richtig sauer? Wem tragt ihr etwas nach? Sprecht ein Gebet und bittet Gott darum, euch zu helfen, denjenigen zu vergeben. Dann werft euren Stein so weit wie möglich von euch weg.

TASCHENLAMPE

Dein Wort ist eine Leuchte für meinen Fuß und ein helles Licht auf meinem Lebensweg.
Psalm 119,105

Fund-Sache: Bibel, Nachfolge, Zukunft

Ansichts-Sache

Etwas Verlorenes wiederzufinden oder sich im Dunkeln zurechtzufinden, dafür ist die Taschenlampe ein geeignetes Werkzeug. Egal ob man den Ohrringstecker unter dem Bett sucht oder den Busfahrplan an einer dunklen Bushaltestelle lesen will, die Taschenlampe macht es möglich, dass wir nicht im Dunkeln tappen.

Erfunden haben sie Paul Schmidt 1896 in Deutschland und David Missell 1899 in England. 20 Jahre zuvor war die Batterie erfunden worden, die es möglich machte, eine Lampe ohne Kabel in der Tasche mitzunehmen. Daher der Name „Taschenlampe“. Aber eigentlich ist der Name falsch. Das, was leuchtet, ist die Glühbirne (heute häufig eine LED) im Inneren, die 1878 von Joseph Wilson Swan erfunden wurde. Die Taschenlampe ist nur die Hülle für dieses Licht, also eine Taschenleuchte. Der Parabolspiegel um die Lampe herum und das beschichtete Glas vor der Lampe verstärken das Licht. Heute hat fast jede und jeder durch das Licht am Smartphone eine Taschenlampe griffbereit.

Nicht nur die wirkliche Dunkelheit bereitet uns Probleme, wenn wir etwas sehen wollen. Auch die Dunkelheit, die wir im übertragenen Sinn erleben, kann uns zu schaffen machen. Das kann ein Streit mit Freundinnen oder Freunden oder die Scheidung der Eltern sein. Krankheiten, Tod, Missbrauch, Mobbing gehören zu den Dunkelheiten, denen wir manchmal wenig entgegenzusetzen haben. Umweltverschmutzung, Klimaerwärmung, Kriege und Flüchtlingsströme, Radikalismus und Ausgrenzung, Ausbeutung und Rassismus sind weltweite Dunkelheiten, in denen wir uns befinden. Wo ist das Licht am Ende des Tunnels?

Die Bibel wird als Leuchte beschrieben. Sie spiegelt das Licht Gottes wider. In ihr entdecken wir etwas von Gottes Liebe zu uns, von seiner Vergebung für uns und von seiner Idee für unser Leben. So wird die Bibel zum Licht für unseren Lebensweg. Natürlich ist dort nicht jeder einzelne Schritt beschrieben. Es gibt keine konkrete Anweisung für den Beruf, den du erlernen sollst, oder für den Menschen, den du heiraten kannst. Aber die Bibel gibt deinem Leben die grobe Marschrichtung vor. Sie macht deutlich, was dir guttut und was du besser lassen solltest. Sie zeigt uns, wie wir gut miteinander umgehen können. Und vor allem erzählt sie etwas von dem großen Gott, der manchmal so weit weg und unfassbar scheint. Die Bibel ist wie kleine Spots, die die Eigenschaften Gottes beleuchten. Und wie eine Taschenlampe nur einen bestimmten Bereich ausleuchtet, so gibt auch die Bibel keine Antwort auf alle Fragen dieser Welt. Aber sie gibt uns die Hoffnung darauf, dass Gott eines Tages alle Dunkelheit in dieser Welt verschwinden lässt.

Tat-Sache

Entdecke das Licht Gottes in der Bibel! Wähle dafür eine Bibelübersetzung, die du gut verstehst, und lies darin. Das Neue Testament eignet sich gut als Einstieg, aber auch im Alten Testament kannst du viel über Gott entdecken. Wie bei einer Nachtwanderung sind zwei Taschenlampen besser als eine. Darum tue dich mit anderen zusammen, lest gemeinsam und sprecht darüber, wie die Texte euch auf eurem Lebensweg begleiten können.

TATTOO

Ich habe dich unauslöschlich in meine Hände eingezeichnet.
Jesaja 49,16a (GNB)

Fund-Sache: Geborgenheit, Liebe Gottes, Treue

Ansichts-Sache

Tattoos werden immer beliebter. In Deutschland sind 20% der Menschen tätowiert, Italien gilt mit 48% als das Land mit den meisten Tätowierten weltweit. Beim Tätowieren wird mit 120 Nadelstichen pro Sekunde Farbe in die zweite Hautschicht transportiert, ein Drittel davon wird von dort abtransportiert und irgendwo im Körper gelagert. Gesund ist das nur bedingt. Ein Tattoo ist ein öffentliches Tagebuch. Als Motiv dienen Hobbys, Berufe, Vorlieben, Erinnerungen, Geburt der Kinder, Hochzeit, Namen von lieben Menschen, bewegende oder traumatische Ereignisse. Viele tragen sie mit Stolz, nur 10% der Tätowierten lassen die Tattoos später entfernen.

Tattoos gibt es schon sehr lange, sie waren überall auf der Welt bekannt. Die ältesten gefundenen Tattoos sind 5.000 Jahre alt. 61 geometrische Tattoos trug Ötzi, die Mumie aus Südtirol, auf seiner Haut. Sie sollten wohl gegen verschiedene Krankheiten helfen. In vielen Völkern konnte man Menschen anhand ihrer Tattoos, die sie gern für alle gut sichtbar im Gesicht trugen, einem Stamm oder Clan zuordnen. So ließen sich auch Soldaten der Kreuzzüge ein Kreuz und ihren Namen eintätowieren, um im Todesfall christlich beerdigt werden zu können. Seefahrer fanden überall tätowierte Menschen vor und ließen sich als Erinnerung ebenfalls Tattoos stechen. Handwerker ritzten sich ihre Werkzeuge ein. Die Mode sprang auf den Adel über. Anfang des 20. Jahrhundert ließen sich sogar die feinen Damen tätowieren, wie beispielsweise die österreichische Kaiserin Sissi. Erst die Nazis beendeten die Mode, kennzeichneten die Gefangenen im Konzentrationslager Auschwitz mit tätowierten Nummern und die Mitglieder der SS mit ihrer eigenen Blutgruppe.

Nach dem Krieg waren Tattoos Rockern, Rebellen und Punks vorbehalten. Erst nach und nach wurden Tattoos wieder als Körperschmuck angesehen.

Auch Gott trägt ein Tattoo. Ein Tattoo für jeden Menschen auf dieser Erde. Er sagt: „Ich vergesse dich niemals. So unabwaschbar wie ein Tattoo steht dein Name in meiner Hand, fest eingraviert." Gott kennt dich, er weiß um dich, er denkt ständig an dich. So wie wir uns manchmal wichtige Dinge mit Kuli auf die Hand schreiben, um sie nicht zu vergessen, so hat Gott deinen Namen in seine Hand geschrieben. Du bist ständig präsent vor seinen Augen. Auch wenn es sich manchmal so anfühlt, als wäre Gott mit etwas anderem beschäftigt: Er hat dich nicht vergessen! Er begleitet dich in deinem Leben und sorgt sich um dich wie eine Mutter um ihr Baby. Das lässt sich auch mit Nanolaser nicht verändern!

Tat-Sache

Mit hautfreundlichen Tattoo- oder Hennastiften kann dieser Bibelvers, ein schönes Motiv oder Muster auf die Hand gemalt werden. Es erinnert uns daran, dass Gott uns nicht vergisst.

TRIKOT

Er war von göttlicher Gestalt. Aber er hielt nicht daran fest, Gott gleich zu sein – so wie ein Dieb an seiner Beute. Er legte die göttliche Gestalt ab und nahm die eines Knechtes an. Er wurde in allem den Menschen gleich. In jeder Hinsicht war er wie ein Mensch.
Philipper 2,6-7

Fund-Sache: Jesus, Weihnachten, Zugehörigkeit

Ansichts-Sache

Trikots sind aus dem Sport nicht mehr wegzudenken. Die Oberteile aus Polyester sind atmungsaktiv und trocknen schnell. Früher waren sie aus Baumwolle, später dann aus Polyamid. Die Zukunft liegt hoffentlich in Trikots aus Bambus, wie sie schon der britische Fußballclub Forest Green Rovers verwendet, da sie frei von Mikroplastik sind. Trikots sind aus gestricktem Stoff und haben daher auch ihren Namen (franz. tricoter = stricken). Hautfarbene Ganzkörpertrikots, 1793 von Maria Viganò das erste Mal verwendet, ermöglichten es Frauen, auf der Bühne mit kürzeren Röcken zu tanzen, ohne dass man die Beine sehen konnte. So richtig in Mode kamen sie erst mit Turnvater Jahn, der ab 1807 das Turnen als Breitensport einführte. Turner unterschiedlicher Mannschaften sollten auch optisch unterschieden werden. Die Oberteile wurden in den Vereinsfarben gefärbt, durch aufgenähte Nummern konnte man die Sportler von Weitem besser unterscheiden. Auch bei den ersten Olympischen Spiele der Neuzeit 1896 kamen Trikots zum Einsatz.

Trikots sind mehr als nur Sportbekleidung. Im Profisport werden sie als Werbetafel gebraucht, um damit Geld zu verdienen. Fans ziehen sich das Trikot ihrer Lieblingsmannschaft an, um ihre Zugehörigkeit damit auszudrücken (siehe Kapitel „Abzeichen“). Und der erste Trikottausch beim Fußball wurde am 14. Mai 1931 vollzogen. In Mode kam er erst durch das WM-Spiel zwischen Brasilien und England 1970, als der Brasilianer Pelé nach einem 1:0-Sieg als Zeichen des Respekts sein Trikot an den Kapitän der englischen Mannschaft verschenkte. Der schenkte sein Trikot zurück, das 2004 für 66.000 Euro versteigert wurde.

Einen anderen Trikottausch hat Jesus vollzogen: Er trug das Trikot des Gottessohnes. Er besaß alle Macht der Welt und alle Annehmlichkeiten, die man sich im Himmel so vorstellen kann. Aber dieses Trikot hat er gegen das Trikot eines Menschen eingetauscht. Warum das? Als Gott uns Menschen erschuf, stattete er uns mit dem Trikot der göttlichen Mannschaft aus. Aber mit der Zeit wurde unser Lebenstrikot durch Schuld, Neid, Habgier, Vergesslichkeit, Undankbarkeit, Unglauben usw. schmutzig. Auf unserem Trikot konnte man nicht mehr lesen, zu welchem Team wir gehören. So haben wir es selbst vergessen und wurden unsere eigene Trainerin oder unser eigener Trainer. Aber wer kann sich schon selbst trainieren? Jesus kam freiwillig auf diese Welt, um uns an Gott, unseren Trainer, zu erinnern. Und noch mehr: Jesus hat mit uns das Trikot getauscht – unser schmutziges gegen sein sauberes. Durch seinen Tod am Kreuz wurde unsere Schuld vergeben. Jetzt ist wieder klar: Wir gehören zur Mannschaft Gottes.

Tat-Sache

Mit Textilsprühfarbe können Motive mit schönen Effekten auf T-Shirts übertragen werden. Dazu wird jeweils ein Muster mit Kreppklebeband abgeklebt und nach dem Sprühen wieder abgezogen. So könnt ihr euch als Gruppe euer Mannschaft-Gottes-Trikot selbst herstellen.

UHR

Sechs Tage in der Woche darfst du jede Arbeit tun. Aber der siebte Tag ist ein Ruhetag. Er gehört dem Herrn, deinem Gott. An diesem Tag darfst du keine Arbeit tun.
2. Mose 20,9-10a

Fund-Sache: Ewigkeit, Lebensstil, Stress

Ansichts-Sache

„Ihr habt die Uhr, wir haben die Zeit!“, sagt ein afrikanisches Sprichwort. Und tatsächlich gehen Menschen in Europa anders mit der Zeit um als in Afrika. Doch wie füllt man sie gut und sinnvoll?

Das Wort Uhr kommt vom mittelhochdeutschen Ür (klingt ähnlich wie englisch hour) und bedeutet Stunde. Die älteste Uhr ist wohl die Schattenuhr aus dem Alten Ägypten. Nachfolger war die Wasseruhr, die aus einem Gefäß bestand, in das oder aus dem gleichmäßig Wasser lief. Am Wasserstand konnte man dann, unabhängig vom Sonnenlicht, ablesen, wie viel Zeit vergangen war. Räderuhren auf Türmen zeigten ab dem 14. Jahrhundert n. Chr. für alle die Uhrzeit an. 1504 wurde die erste Uhr mit Federantrieb gebaut und die Taschenuhr war geboren. Die Quarzuhr wurde 1927 erfunden und die Atomuhr 1949. Seit 1966 können Funkuhren synchronisiert werden. Ab den 1970er Jahren war eine Uhr für alle erschwinglich.

Eine Uhr unterteilt die Zeit in verschiedene Einheiten. Je nach Nationalität wird streng auf die genaue Einhaltung von Uhrzeiten geachtet oder die Uhr wird nur als grobe Richtlinie verwendet. Für alle gilt: Die Zeit vergeht. Wir verbringen durchschnittlich 7 Stunden des Tages mit Schlafen, 5,3 Stunden mit Essen, Trinken und Körperpflege, und 4,7 Stunden für die Arbeit. Da bleiben pro Tag 7 Stunden für die Freizeit übrig, in der auch die Hausarbeit erledigt wird. Im Schnitt haben die Deutschen pro Woche 23 verschiedene Aktivitäten, die sie in ihrer Freizeit erledigen. Wie sieht es bei dir aus? Womit verbringst du deine Zeit?

Die Zeit ist ein wertvolles Gut, denn sie ist begrenzt. Das wissen diejenigen, deren Lebenszeit bald ablaufen wird. Wenn du in einer Woche sterben würdest, was würdest du bis dahin noch erledigen und erleben wollen? Die einen verfallen täglich in Hektik, weil die Zeit knapp bemessen ist und es noch so viel zu erledigen und zu erleben gibt. Die anderen sind zu gelassen und vergammeln den Tag. Zu welcher Gruppe gehörst du eher?

Gott hat bei der Erschaffung des Menschen zwei Zeitvorgaben gemacht: arbeiten und ruhen. Er hat uns Menschen damit beauftragt, für seine Erde zu sorgen, Pflanzen zu setzen und zu ernten und die Erde dabei nicht auszubeuten. Gleichzeitig hat er aber auch einen Ruhetag angeordnet, an dem einfach alles ruhen darf. Wir dürfen und sollen Pause machen, uns und unserem Kopf Freiraum gönnen. Arbeit und Pause gehören zusammen. Arbeit ohne Pause ist nicht zu leisten und Pause ohne Arbeit ist keine Pause mehr. Im Leben kommt es nicht auf jede einzelne Minute an, sondern darauf, wie wir die geschenkte Lebenszeit füllen.

Tat-Sache

Womit füllst du deine Zeit? Wie setzt du deine Prioritäten? Das Video von Andreas Boppart gibt interessante Impulse dazu: www.youtube.com/watch?v=-YrMoCxBjDg

VIER GEWINNT

Helft einander, die Lasten zu tragen. So erfüllt ihr das Gesetz, das Christus gegeben hat.
Galater 6,2

Fund-Sache: Gemeinschaft, Hilfe, Nächstenliebe

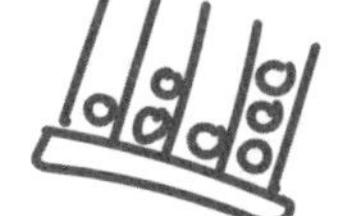

Ansichts-Sache

Es ist wirklich zu blöd: einmal nicht aufgepasst und schon hat man verloren! Dabei ist das Spiel doch ganz einfach. Man muss sich mit seinen Spielsteinen für eine der sieben Spalten entscheiden und versuchen, vier eigene Spielsteine in eine Reihe zu bekommen – waagrecht, senkrecht oder diagonal. Das Spiel haben Howard Wexler und Ned Strongin 1973 erfunden und es ist heute noch so beliebt wie damals. Es ist schnell erklärt und schnell gespielt.

Das Problem bei diesem Spiel sind nicht die komplizierten Regeln oder der unübersichtliche Aufbau. Das Problem entsteht, wenn man nur an seine eigene Strategie denkt. Sobald man die Gegnerin oder den Gegner aus dem Blick verliert, hat man meist schon verloren. Aber wir Menschen sind so (zumindest die meisten von uns): Wir denken erstmal an uns selbst. Wir wollen nur das Beste für uns. Und dabei gehen wir auch schon mal, zumindest bildlich, mit ausgefahrenen Ellenbogen durch das Leben. Wir boxen alle weg, die uns im Weg stehen. Vielleicht gewinnen wir zwar das, was wir haben wollen, aber wir werden einsam. Denn wer will schon mit jemandem befreundet sein, die oder der einen nur ausnutzt?

Gott hat die Menschen zur Gemeinschaft erschaffen. Schon von Beginn an war klar, dass der Mensch nicht allein bleiben kann. Es braucht eine Partnerin oder einen Partner. Gott hat sich etwas dabei gedacht, warum wir nicht alle auf unserer eigenen einsamen Insel hocken. Wir brauchen einander. Wir verlieren, wenn wir nicht nach rechts und links blicken und uns keine Gedanken darüber machen, was die Menschen um uns herum beschäftigt. Die anderen in den Blick zu nehmen erweitert auch unsere Welt. Und wer sich um andere kümmert, ist nicht nur nett, sondern erfüllt auch das, was Jesus uns empfohlen hat.

Mathematiker haben berechnet, dass bei fehlerfreiem Spiel die Startspielerin oder der Startspieler gewinnt, wenn sie/er den ersten Stein in die mittlere Spalte wirft. Landet der Stein rechts oder links davon, gibt es ein Unentschieden. Wird der erste Stein in die äußeren Spalten geworfen, verliert sie/er immer. Es kommt also immer auch auf die Startposition an. Wer sich von Gott geliebt weiß (mittlere Spalte), der kann ganz entspannt auf andere schauen, sich um sie kümmern und ihnen ihre Lasten tragen helfen, ohne das Gefühl zu haben, dabei zu verlieren.

Tat-Sache

Neun Stühle werden in drei Reihen mit etwas Abstand aufgestellt. Sechs Spielende werden in zwei Teams aufgeteilt und erhalten die Nummern 1, 3 und 5 in dem einen Team, 2, 4 und 6 im anderen Team. Nun beginnt Person 1 und setzt sich auf einen Stuhl ihrer Wahl. Dann ist Person 2 an der Reihe usw. Sitzt Person 6, steht Person 1 auf und sucht sich einen neuen Platz usw. Ziel ist es, die drei Personen des eigenen Teams in eine Reihe zu setzen (gerade oder diagonal). Während des ganzen Spiels darf allerdings nicht gesprochen werden.

Anschließend bietet sich eine Auswertung an. Wo haben wir nur auf uns geschaut? Wie ist der entscheidende Fehler passiert? Wie ist das im wirklichen Leben? Wo achten wir nur auf uns, wo auch auf andere Menschen?

VOKABELKASTEN

Vergiss die Ereignisse ja nicht, die du mit eigenen Augen gesehen hast! Behalte sie ganz fest in deinem Herzen dein ganzes Leben lang! Erzähl deinen Kindern und deinen Enkeln davon!
5. Mose 4,9

Fund-Sache: Dankbarkeit, Erinnerung, Liebe Gottes

Ansichts-Sache

Es ist mühsam, Tag für Tag die Vokabeln für Englisch, Französisch, Latein, Spanisch, Italienisch, Russisch oder welche Sprache auch immer zu wiederholen. Wenn das nur das Einzige wäre! Aber es müssen ja auch Hauptstädte, Geschichtsdaten oder das Einmaleins auswendig gelernt werden. Dabei hilft ein Vokabelkasten mit meist fünf Fächern, der schon seit Generationen verwendet wird. Alle zu lernende Begriffe werden auf kleine Karten geschrieben und auswendig gelernt. Wenn man sie kann, legt man sie ins nächste Fach. Die Karten werden am nächsten Tag wiederholt und landen so nach ein paar Tagen und erfolgreicher Wiederholung irgendwann im letzten Fach und der Inhalt hoffentlich auch im Kopf.

Es gibt natürlich noch viele andere Methoden, wie man sich etwas merken kann. Hermann Ebbinghaus, 1850 in Wuppertal geboren, beschäftigte sich als Psychologe mit der Erforschung des Gedächtnisses und gilt als Entdecker der Lern- und Vergessenskurve. Seine Tests haben ergeben, dass wir uns 20 Minuten nach dem Lernen nur noch an 60% des Inhalts erinnern können. Nach einer Stunde sind es nur noch 45%, nach einem Tag 34%, nach sechs Tagen 23% und dauerhaft können wir uns nur an 15% erinnern. Wird das Gelernte allerdings regelmäßig und in immer größeren Abständen wiederholt, so vergessen wir weniger und können uns mehr immer länger merken.

Nicht nur beim Schulstoff sind wir anfällig für Vergesslichkeit. Besonders vergesslich sind wir, wenn es uns gerade nicht gutgeht, wir nicht zufrieden oder sogar unglücklich sind. Dann können wir uns nur schlecht vorstellen, dass das jemals anders wird. Wir glauben, dass Freundinnen und Freunde blöd sind, die Eltern sowieso, wir kriegen nichts auf die Reihe, können nichts, niemand mag uns ... In so einen Gedankenstrudel kann man schnell geraten.

Auch an Gott können wir zweifeln. Wenn wir gerade von einer christlichen Freizeit oder Veranstaltung kommen, dann ist es oft kein Problem, an Gott zu glauben. Aber wenn uns der Alltag wieder einholt, wir nicht das umgesetzt kriegen, was wir ändern wollten, Gott scheinbar nicht auf unser Gebet reagiert und das Bibellesen sich nur stumpfsinnig anfühlt, dann ist es leicht möglich zu glauben: Gott hat mich vergessen. Ihn gibt es gar nicht. Gott ermutigt uns, uns ein „Album der Erinnerung“ anzulegen. Was hast du mit Gott schon erlebt? Welche Gedanken haben dir in deinem Leben geholfen? Durch welche Bibelverse hat Gott zu dir gesprochen? Es lohnt sich, hier ein bisschen Zeit zu investieren, um in Krisenzeiten ein eigenes Erlebnisalbum mit Gott zu haben, in dem man blättern kann. Und weil Gott schon einmal geholfen hat, wird er es auch in Zukunft tun. Sich daran zu erinnern, hilft an nicht so guten Tagen. Probier es aus.

Tat-Sache

Ein einfaches Schulheft (oder ein Schuhkarton) kann von außen schön beklebt werden. Innen wird es mit eigenen Erlebnissen und Erkenntnissen im Glauben sowie Bibelversen mit dem Zuspruch Gottes gefüllt. Vielleicht willst du auch mit anderen den Inhalt deines Heftes teilen?

ZAHNSPANGE

Jede Schlucht soll aufgefüllt werden und jeder Berg und jeder Hügel abgetragen. Was krumm ist, muss gerade werden und die unebenen Wege eben.
Lukas 3,5

Fund-Sache: Neuanfang, Reich Gottes, Veränderung

Ansichts-Sache

Wer sie hat, ist nicht wirklich glücklich, und wer sie nicht hat, ist es vielleicht auch nicht – die Zahnspange. Sie ist ein medizinisches Hilfsmittel, das Zahn- und Kieferfehlstellungen beheben und zu einem hübschen Lächeln führen soll. Edward H. Angle als Begründer der wissenschaftlichen Kieferorthopädie hat zwischen 1890 und 1920 die ersten Zahnspangen entwickelt. Zahnfehlstellungen sind nicht nur unschön, sondern können bei starker Verformung auch verhindern, dass Menschen gut kauen und deutlich sprechen können. Darum ist es sinnvoll, gerade zu machen, was krumm ist.

„Was krumm ist, soll gerade werden." Das sagt nicht nur der Zahnarzt, sondern das steht schon in der Bibel. In Jesaja 40 wird es dem Volk Israel verkündet, das nach einem verlorenen Krieg auf Rettung aus seiner misslichen Lage in Gefangenschaft und Verschleppung hofft. Und Johannes der Täufer greift es wieder auf. Er war in der Wüste, ganz mit Gott im Reinen, als Gott ihn beauftragt hat, zu den Menschen zu gehen und ihnen zu helfen, ihre Herzen für Gott zu öffnen. Jesus wird kommen, das hat schon der Prophet Jesaja angekündigt. Aber damit er auch in den Herzen ankommen kann, muss zuvor einiges begradigt werden. Gott räumt mit unseren falschen Vorstellungen von uns selbst auf.

Manche glauben, sie schaffen alles allein und brauchen keinen Gott. Sie liegen falsch. Unsere Ideale und guten Vorsätze scheitern meist schon mit dem Aufstehen am Morgen. Andere glauben, sie

schaffen gar nichts, können nichts, sind wertlos für die Gesellschaft. Sie liegen auch falsch. Gott hat jede und jeden begabt und einen ganz besonderen Platz für sie oder ihn auf dieser Welt vorgesehen. Ohne dich fehlt etwas! Der Berg der Selbstüberschätzung und das Tal der Selbstverachtung müssen eingeebnet werden. Dabei hilft Gott durch seinen Heiligen Geist. Er öffnet uns die Augen, wo wir in unserer Meinung über uns selbst falsch liegen. Er will unsere Schuld heilen und die Löcher auf unseren Wegen einebnen. Er stillt in uns die Sehnsucht, gesehen zu werden, weil er uns tatsächlich sieht. Und wir können ihn sehen, wenn der Weg zu ihm gerade und das Ziel nicht mehr durch viele krumme Kurven verborgen ist.

Wie kann das gehen? Johannes der Täufer gibt den Menschen Tipps dazu. Wir kommen Gott nahe, wenn wir ihn lieben. Und wir lieben ihn, wenn wir die Menschen um uns herum lieben. Wenn wir ihre Not sehen und helfen, so gut wir können. Wenn wir Einsame in die Gruppe einladen, wenn wir Mitschülerinnen und Mitschülern helfen, bessere Noten zu schreiben, wenn wir fair und gerecht leben und ein Herz für andere haben. Dann haben wir auch ein Herz für Gott, der Weg ist frei für eine Beziehung mit ihm.

Tat-Sache

Aus Papierdraht kann man schöne Figuren biegen, mit Papier hinterkleben und als Klappkarte gestalten. Mit einem ermutigenden Bibelspruch ist eine solche Karte ein einfaches Geschenk für Einsame, Kranke, Bedürftige.

ZEUGNIS

Weil wir zu ihm gehören, schenkt Gott uns durch sein Blut die Erlösung. Damit schenkt er uns zugleich die Vergebung unserer Verfehlungen. So reich ist seine Gnade.
Epheser 1,7

Fund-Sache: Geschenk, Sünde, Vergebung

Ansichts-Sache

Alle Jahre wieder kommt kurz vor den Sommerferien das große Zittern, wenn die Zeugnisse ausgeteilt werden. Einige Noten weißt du vielleicht vorher schon, andere sind noch unklar. Wie wird die Lehrerin oder der Lehrer sich entscheiden? Vor allem die sogenannten Kopfnoten, die Noten im Arbeits- und Sozialverhalten, sind immer wieder eine Überraschung. Dabei beurteilen Menschen, die dich nur im Schulkontext kennen, dein Verhalten und deine Leistung. Das führt nicht selten zu Tränen.

Dabei sollen die Schulnoten dich nicht zum Weinen bringen. Ihr Ziel ist es, objektiv zu dokumentieren, inwiefern du das gesteckte Lernziel erreicht und welchen Lernfortschritt du gemacht hast. Der Maßstab ist also die Zielvorgabe des Unterrichts und nicht der Vergleich der Schülerinnen und Schüler untereinander. In der Praxis sieht das aber oft anders aus. Da vergleichen sich nicht nur die Schülerinnen und Schüler, sondern auch die Eltern fragen nach den Noten der anderen. Eine Drei beim Klassendurchschnitt von 2,5 ist nicht so schlecht wie bei einem Klassendurchschnitt von 1,6, obwohl du dieselbe Leistung bringst. Eingeführt wurden die Schulnoten in Deutschland vermutlich 1530 in Sachsen. Dort mussten die Schülerinnen und Schüler zweimal im Jahr vor dem Pfarrer und dem Bürgermeister eine Prüfung ablegen. Als Belohnung für gute Leistungen gab es ein Brötchen. Die Prüfung diente zur Motivation, tatsächlich etwas zu lernen.

Das Lernziel für Jüdinnen und Juden zur Zeit Jesu war die Umsetzung der Zehn Gebote. Die versprochene Belohnung war ein Leben in Gemeinschaft mit Gott. Doch wir erleben, dass es auch bei größter Motivation nicht möglich ist, immer alles richtig zu machen. Nicht nur in der Schule, auch im täglichen Umgang mit Menschen machen wir immer wieder Fehler. Wir lügen, wir lassen unser Handeln vom Neid bestimmen, wir reden schlecht über andere. Und vor allem können wir Gott nicht Gott sein lassen, sondern wissen selbst am besten, was für uns gut und richtig ist. Wenn Gott uns ein Zeugnis ausstellen würde, das unsere Leistung in Bezug auf das Lernziel „Zehn Gebote" beurteilt, dann stünde da: Ungenügend! Mit so einem Zeugnis können wir uns nicht beim Vater blicken lassen. Was nun?

Jesus ist der Einzige, der vor Gott eine 1,0 vorzeigen kann. Und dieses Zeugnis tauscht er mit uns. Er ermöglicht uns damit, zu Gott, dem Vater, zu kommen. Der Vater flippt nicht aus, weil wir schon wieder versagt haben. Sondern mit diesem geschenkten Zeugnis können wir ohne Angst zu ihm nach Hause gehen. Das nennt die Bibel Vergebung: Jesus nimmt unsere Schuld auf sich und spricht uns frei. Ohne Leistung. Ohne Notendruck. Ohne Vergleiche. Einfach geschenkt.

Tat-Sache

Beurteile dich selbst und stelle dir ein Zeugnis aus: Welche Noten gibst du dir im Umgang mit dir und anderen (Eltern, Geschwister, Freundinnen/Freunde ...)? Im Einhalten der Zehn Gebote? Im Umgang mit der Schöpfung? Bringe dein Zeugnis zum Kreuz und nimm dir dafür die Vergebung Gottes.

ZIMMER

Im Haus meines Vaters gibt es viele Wohnungen.
Johannes 14,2a

Fund-Sache: Ewigkeit, Geborgenheit, Liebe Gottes

Ansichts-Sache

Das eigene Zimmer ist eine schöne Sache: ein Ort, an dem man ganz ungestört ist, wo man die Füße baumeln lassen und unbeobachtet sein kann. Ein Ort ohne Druck und Leistung, ein Ort zum Chillen. Das eigene Zimmer ist dann nicht mehr nur zum Schlafen da, sondern wird auch als Wohnzimmer, als Arbeitszimmer, als Partyraum und, zum Leidwesen der Eltern, als Küche und Speisekammer verwendet. Das eigene Zimmer ist deine Privatsphäre. Wer ungebeten das Zimmer betritt, wird sofort ermahnt und verbannt. In deinem Zimmer bist du zu Hause und dort findest du dich auch im Dunkeln zurecht.

Nicht alle Menschen haben ein eigenes Zimmer. Viele müssen es sich mit mindestens einem Geschwisterkind, manche sogar mit den Eltern teilen, weil sie als Familie nur einen Raum zur Verfügung haben. Im Jahr 2019 waren 79,5 Millionen Menschen auf der Flucht, 40% von ihnen waren unter 18 Jahre alt. Sie sind nicht geflüchtet, weil sie gern kostenlos auf Reisen gehen wollten, sondern weil die Situation in ihrer Heimat nicht mehr lebenswert war. Sie haben weder ein eigenes Zimmer noch ein Zuhause. Sie sind auf der Suche nach einer neuen Heimat.

Die Heimat ist der Ort, an dem man sich auskennt, wohlfühlt und geborgen weiß. Sie ist ein Ort, an dem die Familie lebt und man sich versorgt und beschützt fühlt. Heimat ist darum nicht nur ein geographischer Ort, sondern bezeichnet vor allem Beziehungen, in denen wir uns bedingungslos angenommen fühlen. Hoffentlich ist das auch in deinem Elternhaus so und du hast Freundinnen und

Freunde, bei denen du dich wie zu Hause fühlst, weil sie dich so akzeptieren, wie du bist.

Aber Menschen haben ihre Launen, Freundschaften kommen und gehen. Darum ist es gut, dass Jesus uns eine zuverlässige Heimat vorstellt. Er hat von einer Wohnung gesprochen, die man nicht auf einer Landkarte einzeichnen kann. Sie befindet sich im Haus des Vaters. Alle, die mit Gott leben wollen, können dort wohnen und Heimat finden. Diese Heimat ist ein Ort, an dem du dich angenommen wissen darfst, an dem du so sein kannst, wie du bist. Wo du die Füße auf den Tisch legen darfst und frei heraus sagen kannst, was dir gerade durch den Kopf geht, auch wenn die Gedanken wirr und nicht immer anständig sind. Gott hat für dich dein ganz persönliches Zimmer vorbereitet. Es ist ein All-inclusive-Zimmer. Es wird täglich gereinigt, dort wirst du mit allem, was du für den Tag brauchst, versorgt, und zudem gibt es noch einen liebevollen Hausherrn, der sich freut, wenn du mit ihm redest. Bei Gott kannst du dich wie zu Hause fühlen – jetzt und schon und in Ewigkeit.

Tat-Sache

Es gibt verschiedene Möglichkeiten, sich einen Schlüsselanhänger für den eigenen Hausschlüssel zu basteln. Ob aus Gliedern einer Fahrradkette, zusammengeklebten Kronkorken oder Flaschenkorken, ob aus Perlen, Leder, Stoff, es gibt unzählige Möglichkeiten: www.deavita.com/bastelideen/schlusselanhanger-selber-machen-modisch-leder.html. Alternativ kann auch ein Türschild an die Heimat bei Gott erinnern: „Himmel – hier bin ich zu Hause."

FUND
SACHEN

BIBELSTELLENVERZEICHNIS

Altes Testament

Neues Testament

STICHWORTVERZEICHNIS

Wenn du tolle Lieder zu deinen Andachten suchst …

DAS LIEDERBUCH 2

Hans-Joachim Eißler,
Michael Krimmer, Cornelius Kuttler,
Johannes Seule (Hg.)

Das Liederbuch 2

Glauben Leben Lieben Hoffen

432 Seiten, 14,8 x 21 cm, kartoniert oder Spiralbindung, durchgehend farbig

Der Nachfolger zum beliebten „schwarzen Liederbuch". Neue Lieder aus dem geistlichen und säkularen Bereich – für Jugendgruppen, Freizeiten, Andacht und viele Gelegenheiten. Liturgieteil und Gebete sowie ein umfangreicher Registerteil machen das Liederbuch praktisch.

Lern-CD

ca. 330 Minuten Spieldauer, Mehrfach-CD-Box

Alle Lieder wurden solistisch mit Begleitung eingespielt. Auf den CDs werden jeweils die einzelnen Teile (Strophe, Refrain, Bridge …) vorgestellt. Für alle, die neue Lieder kennenlernen oder besser ins Ohr bekommen möchten.

Hans-Joachim Eißler, Gottfried Heinzmann (Hg.)

Das Liederbuch

Glauben Leben Lieben Hoffen

432 Seiten, 14,8 x 21 cm, kartoniert oder Spiralbindung, durchgehend farbig

239 Songs für Jung und Alt, für jede Gelegenheit. Neue und alte geistliche Lieder, Lobpreissongs, Choräle, Rock und Pop. Für Freizeit, Lagerfeuer, Andacht, Gottesdienst, Hauskreis … Mit Liturgien und Gebeten sowie Registern.

112
CHIPS
CHIPS
112

DIE AUTORIN

Birgit Götz, Jahrgang 1973, lebt als Exilschwäbin in Marburg. In ihrem Alltag als Mutter, Haushaltsorganisatorin, Mitarbeiterin im CVJM und Gärtnerin im eigenen Garten entdeckt sie immer wieder Kleinigkeiten, die sie an eine Eigenschaft Gottes erinnern. Mit ihren beiden Teenagern als beste Kritiker hat sie versucht, diese Ansichtssachen aufs Papier zu bringen, um den unsichtbaren Gott ein wenig sichtbarer zu machen.

Nach der Ausbildung an der Evangelistenschule Johanneum und der Evangelischen Hochschule RWL Bochum, arbeitet sie nach Stationen als Jugendreferentin im CVJM, Schriftleiterin der Zeitschrift KON, Lektorin bei buch+musik und im BORN-Verlag und inzwischen als freiberufliche Lektorin, Autorin und Referentin. Aus ihrer Feder stammen u. a. die Bücher „Ab geht die Post AT“ und „Ab geht die Post NT“.

Björn Büchert, Katharina Haubold,
Florian Karcher (Hg.)

TheoLab

THEOLOGIE FÜR NICHTTHEOLOGEN

Gott. Mensch. Welt.
Jesus. Himmel. Mission.

Je 128 Seiten, 12 x 19 cm, kartoniert, mit Sketchnotes, mit Downloads

TheoLab macht Theologie alltagsrelevant, vermittelt theologische Hintergründe und hilft sprachfähig zu werden. Je drei große Fragen zu je drei Themen werden kompakt und gut verständlich von verschiedenen Standpunkten aus beleuchtet.

Miranda und
Noah Threlfall-Holmes

Mein Gebete-Experimentierbuch

18 Ideen, mit Gott zu reden

176 Seiten, 13 x 19 cm, gebunden,
durchgehend farbig

Die 18 interaktiven Gebets-Experimente bieten kreative Möglichkeiten für Jugendliche, sich mit ihrem Glauben und ihrer Beziehung zum Gebet auseinanderzusetzen, einfach mal etwas auszuprobieren und eigene Zugänge zu finden. In jedem Kapitel wird ein Gebets-Experiment erklärt.

ejw-service gmbh
Haeberlinstraße 1–3
70563 Stuttgart-Vaihingen

Tel.: 0711 9781 - 410
Fax: 0711 9781 - 413

buchhandlung@ejw-buch.de
www.ejw-buch.de

Dieter Braun, Stephanie Schwarz (Hg.)

BIBEL ECHT JETZT

40x Alltag

128 Seiten, 13 x 19 cm, kartoniert, durchgehend farbig, mit Podcasts

Mit BIBEL ECHT JETZT und 40 ausgewählten Bibeltexten können Jugendliche ab 14 ganz einfach anfangen, in der Bibel zu lesen. Leidenschaftliche Bibelleserinnen und Bibelleser helfen ihnen, eigene Erfahrungen mit der Bibel zu machen und echte Antworten auf ihre Fragen zu finden.

www.ejw-buch.de

Tobias Kenntner,
Christoph Schneider (Hg.)

Beziehungsweise

Journal

80 Seiten, 14,8 x 21 cm, geheftet, durchgehend farbig

Das BEZIEHUNGSWEISE JOURNAL hilft, auf Beziehungen im Leben zu achten. Es stellt Fragen und Übungen zur Orientierung. So schafft es Achtsamkeit für Beziehungen im Leben. Neben den Fragen und Übungen gibt es viele freie Seiten, um eigene Gedanken festzuhalten.

Samuel Holzhäuer,
Christoph Schneider, Aleko Vangelis

Lebensweise

Workbook für Jüngerschaft

96 Seiten, 14,8 x 21 cm, geheftet, durchgehend farbig

Das LEBENSWEISE WORKBOOK unterstützt darin, die Lebensweise Jüngerschaft Schritt für Schritt kennen und anwenden zu lernen. Es bietet praktische Hinweise zum Starten und Leiten einer Jüngerschaftsgruppe sowie vier grundlegende Lebensweisen für die Umsetzung in der Kleingruppe.

 Als Buch erhältlich  Als E-Book erhältlich